BINGO!

Blucher

BINGO!

e outros ateliês

VOLUME 5

Marion Minerbo

Revisão técnica

Isabel Lobato Botter
Luciana Botter

Colaboradora

Fernanda de Barros Machado Borges

Bingo! e outros ateliês – volume 5

Série Ateliê Clínico
Publisher Edgard Blücher
Editor Eduardo Blücher
Coordenador editorial Rafael Fulanetti
Coordenadora de produção Ana Cristina Garcia
Produção editorial Andressa Lira
Preparação de texto Regiane Miyashiro
Diagramação Lira Editorial
Revisão de texto Juliana Leuenroth
Capa Leandro Cunha
Imagem da capa "Sem título", Marion Minerbo, 2023

Blucher

Rua Pedroso Alvarenga, 1245, 4º andar
04531-934 – São Paulo – SP – Brasil
Tel.: 55 11 3078-5366
contato@blucher.com.br
www.blucher.com.br

Segundo o Novo Acordo Ortográfico, conforme 6. ed. do *Vocabulário Ortográfico da Língua Portuguesa*, Academia Brasileira de Letras, julho de 2021.

Dados Internacionais de Catalogação na Publicação (CIP)
Heytor Diniz Teixeira, CRB-8/10570

Minerbo, Marion
Bingo! : e outros ateliês / Marion Minerbo ; revisão técnica Isabel Lobato Botter, Luciana Botter ; colaboradora Fernanda de Barros Machado Borges. – São Paulo : Blucher, 2025.

122 p. (Série Ateliê Clínico; 5 v.)

Bibliografia
ISBN 978-85-212-2682-6 (Impresso)
ISBN 978-85-212-2679-6 (Eletrônico - Epub)
ISBN 978-85-212-2680-2 (Eletrônico - PDF)

1. Psicanálise. 2. Clínica psicanalítica. 3. Relatos de caso. I. Título. II. Série. III. Botter, Isabel Lobato. IV. Botter, Luciana. V. Borges, Fernanda de Barros Machado.

CDU 159.964.2

Índice para catálogo sistemático:
1. Psicanálise CDU 159.964.2

Para você.

Agradecimentos

Em primeiríssimo lugar, agradeço às e aos colegas que apresentaram material clínico nos meus ateliês. Não cito nomes porque, preservando a identidade do analista, não há como identificar o paciente. A alma da *Série Ateliê Clínico* depende inteiramente de sua generosidade e da autorização final para a publicação.

Às e aos jovens colegas que têm participado dos meus ateliês todos esses anos. Sempre me emociono ao ver que o tipo de discussão que proponho faz sentido e confirma para todos nós a beleza da psicanálise. Foi o que me motivou a compartilhar nosso processo com o público psi.

À Fernanda de Barros Machado Borges, minha colaboradora, por sua incrível capacidade de reconhecer, em pleno processo, os movimentos mais importantes dos ateliês e transformá-los em texto. Sem essa matéria-prima preciosa seria difícil produzir esta Série.

Ao Gabriel Gualtieri, pela cuidadosa leitura e interlocução de cada ateliê. Um leitor qualificado que me conte como estou sendo lida – o que faz sentido e o que não faz, o que está claro e o que precisa ser mais bem explicado – é tudo de bom. É essencial.

À Bruna Paola Zerbinatti, pela quarta capa. É bom contar com uma jovem colega e amiga cuja intimidade com textos lhe permite fazer uma leitura crítica, bem como extrair as ideias essenciais. Saber ler é um talento.

À Isabel Lobato Botter e Luciana Botter, que há anos me acompanham na lida com as palavras. Fico feliz com o "retorno de AnaLisa", a jovem colega que veio ao mundo com os *Diálogos sobre a clínica psicanalítica* (Blucher, 2016). Estava sentindo sua falta. Agradeço demais pela leitura, pela ajuda com a bibliografia e pelo amoroso trabalho de revisão.

À Liana Pinto Chaves, pela amizade de tantos anos e pela generosa hospedagem por ocasião da minha estadia no Brasil no verão de 2023. Foi na tranquilidade proporcionada por seu acolhimento que foi cravada a pedra fundamental da *Série Ateliê Clínico*.

À Cris Rocha e Kika Levy, minhas queridas mestras na arte da gravura. Nosso reencontro a cada ano me faz sonhar. Estar grávida de um livro é também sonhar com a capa e produzir a gravura que vai ilustrá-la.

Ao maravilhoso time da Blucher, pelo entusiasmo com que acolheram a proposta.

Às minhas leitoras e aos meus leitores. Escrevo para vocês.

Conteúdo

Algumas palavras

Este é o quinto volume da *Série Ateliê Clínico*. Embora cada volume possa ser lido de forma independente, recomendo ao leitor começar a jornada pela leitura do primeiro volume, *Para que serve uma análise?*, no qual justifico a pertinência e apresento os pressupostos teóricos que formam o pano de fundo do meu trabalho.

Cada ateliê nos confronta com um desafio diferente. O relato mostra o esforço que precisamos fazer para reconhecer "quem" é o paciente que está na nossa frente de modo a conduzir aquela análise de forma mais produtiva. Mostra também como cada ateliê é a ocasião para integrarmos teoria e clínica e discutirmos questões pertinentes àquele caso.

Quando me perguntam como eu gostaria que trouxessem o material clínico, explico que não quero as tradicionais sessões dialogadas porque me dão a sensação de material clínico fixo em formol. Prefiro uma apresentação espontânea, viva, de qualquer coisa que tenha chamado a atenção do ou da colega que está apresentando o caso. A ideia é irmos construindo o caso juntos, ao longo do ateliê.

Como sempre, temos três ateliês: no primeiro você vai conhecer Rita, jogadora compulsiva para quem a análise é um cassino. Acredita que terá sorte e levará o prêmio grande: o analista. Age a identificação com um adulto que, sob o álibi de cuidar da criança, faz dela um uso perverso.

Em seguida, veremos Maria, cuja *performance* transferencial (inconsciente) de pessoa bem resolvida quase convencia a analista. Descobrimos a pseudomaturidade do "bebê sábio" e o sofrimento de não poder integrar sua vulnerabilidade.

No terceiro ateliê, enfrentamos o desafio de como tocar Melissa, uma paciente em carne viva. Como outros melancólicos, ela se envergonha de ser quem é e preferia não ter nascido. Pudemos reconhecer as características tanáticas do vínculo no qual ela precisou se constituir, e que a mantêm no fundo do poço.

Nos três relatos você vai reconhecer meu método de "ir construindo o caso" ao longo dos quatro encontros. E vai poder acompanhar de que modo as hipóteses e o pensamento clínico elaborado revertem para a condução daquela análise.

Ateliê 1
Bingo![1]

Escolhi este ateliê porque é um dos mais surpreendentes e, com certeza, o mais desafiador em termos de estratégias de intervenção. Rita, uma jogadora compulsiva, aposta tudo em cada sessão: ela vai "ganhar" o analista. Já na entrevista, ela o convida a transgredir o enquadre, colocando-se como exceção em relação à lei. Imaginem nosso colega bombardeado todos os dias por mensagens de alto teor erótico, no limite do pornográfico.

Como entender esse sintoma, do ponto de vista transferencial? Nosso ponto de partida foi, como não podia deixar de ser, a contratransferência. Mais do que excitado, ou seduzido, ele se sentia "ocupado" – no sentido de ocupação ilegal de um terreno. A partir disso, pudemos imaginar o corpo-mente dessa criança ocupado pela sexualidade perversa do adulto. Rita

1 Agradeço a Luciana Stoiani, cujas anotações durante o ateliê serviram de base para este capítulo.

não tinha alternativa a não ser repetir na vida e na transferência o que não podia elaborar e integrar.

São raros os ateliês em que podemos ver tão claramente como as dimensões intrapsíquica e intersubjetiva da transferência se articulam. Nas historinhas vemos uma criança que fica atordoada com algo que a excita, e depois atropela, e que ela nem sabe dizer o que é! – o gozo do adulto perverso. Elas se articulam com o assédio que fazia para que o analista a transformasse em objeto de gozo, como esse mesmo adulto perverso.

Primeiro encontro

Nosso colega nos apresenta Rita, sessenta anos, viúva. Iniciou uma análise a pedido da filha, que também é responsável pelo pagamento das sessões. Diz que sua mãe é viciada em jogo – bingo e máquinas caça-níqueis. Como perdeu muito dinheiro, os filhos bloquearam seu cartão de crédito e fecharam a conta no banco.

Iniciou sua análise em 2020. Na entrevista, ainda durante a pandemia de covid-19, a paciente chega sem máscara e pede para que o analista tire a sua, alegando que quer ver seu rosto. Ele se reserva o direito de não atender ao pedido. Acredito que não foi só por medo de contaminação. Ele intui que isso já é material clínico relevante, embora ainda não tenha como saber do que se trata.

M – QUAL PODERIA SER O SENTIDO DESSE PEDIDO?

Seria uma necessidade regressiva de reasseguramento? Se for isso, seria um reasseguramento em relação ao analista, o que indica que ele estaria sendo vivido como ameaçador. Rita precisaria examinar sua expressão facial para tentar decifrar seus estados de ânimo.

Seria uma maneira de gritar seu desamparo, convocando o analista a ocupar a posição de cuidado e acolhimento? Se fosse um grito de socorro, o analista teria sido tocado, e a contratransferência acusaria essa percepção. Possivelmente teria encontrado uma maneira de atender ao pedido. Porém, não é o que ele nos relata.

O que será, então, que move Rita, quando pede a seu analista para tirar a máscara que deveria protegê-los da contaminação por covid-19? Num nível mais simbólico, será que podemos pensar em outras "contaminações"? Nesse caso, pensaríamos em um ataque ao enquadre, que está lá não só para permitir o processo, mas para proteger analista e paciente de certos abusos.

Nenhuma das anteriores. Ainda não tínhamos elementos para imaginar que poderia haver uma conexão entre o vício em bingo e jogos eletrônicos e o pedido para que o analista tirasse a máscara. *Spoiler*: é exatamente o pensamento clínico que fomos construindo ao longo deste ateliê.

~

Vamos examinar o vício em bingo e máquinas caça-níqueis de um ponto de vista metapsicológico. Como sabemos, qualquer tipo dependência é um sintoma. Por que, então, alguém "escolhe" a bebida, e outro "escolhe" o jogo? De que maneira bebida e jogo entram na economia psíquica de cada um?

> M – PARA AVANÇAR, PRECISAMOS SABER O QUE É "JOGAR" PARA RITA, QUAL É SUA EXPERIENCIA SUBJETIVA.

Nosso colega faz essa pergunta à Rita e ela responde que jogar lhe traz alívio, faz com que se sinta anestesiada. Fica com o celular desligado; por um tempo, consegue se livrar das filhas que "me enchem o saco". Descreve as casas de jogo como lugares bonitos, luxuosos, onde se sente bem. Fica ali por horas, alheia ao mundo. Não precisa pensar.

Nessa linha, uma participante do ateliê sugere que o jogo pode ser entendido como uma forma de entrar em um estado de alheamento bidimensional. Jogar funcionaria como um refúgio autístico, defesa poderosa contra angústias primitivas. Colada em estímulos sensoriais internos e externos, ela se sentiria mais organizada. A teoria implícita na interpretação da colega está ancorada no conceito de "estados autísticos mentais", tal como propõe Ogden (1989).

Vamos examinar essa hipótese. A ideia central é a de que certos estímulos podem ser usados defensivamente como âncora sensorial; o comportamento sintomático está a serviço de garantir a organização somatopsíquica, ainda que temporariamente. Por exemplo, jejuar, vomitar, cortar-se, algum estímulo sonoro, atividades que liberam adrenalina. São comportamentos que produzem alívio porque o sujeito se organiza em torno do estímulo, atenuando a angústia de fragmentação.

Considerando que jogar envolve o risco de perder, e que essa tensão libera adrenalina (além de outros neurotransmissores), a hipótese da colega faz sentido; mas e se, além de ser um estímulo sensorial, o jogo for algum tipo de atuação? E se entendermos a repetição compulsiva do ato como índice de algo da ordem do inconsciente, isto é, de algo que não pode ser pensado? Nesse caso, seria menos a adrenalina, e mais o *sentido* do sintoma – algo que está à espera de ser interpretado –, que mereceria a nossa atenção. Jogar compulsivamente estaria no lugar de quê?

Rita disse que se sente bem nas casas de jogo, a salvo das filhas. É uma racionalização, e como tal, situa-se num plano consciente, mas, como vimos, queremos saber de que maneira o bingo entra na sua economia psíquica, a ponto de não poder ser dispensado. Queremos o sentido inconsciente que, obviamente, ela não tem como acessar.

M – ALIÁS, QUAL É O APELO DO JOGO EM GERAL? EM QUE O JOGO É DIFERENTE DE OUTRAS FORMAS DE DEPENDÊNCIA?

Apesar de racionalmente saber que corre riscos, quem joga tem certeza de que em algum momento terá sorte e ganhará muito dinheiro. Caso contrário, não apostaria até o último centavo. Nesse sentido, o jogo é diferente de outros estímulos porque *seduz* o jogador com a promessa de enriquecer sem trabalhar. Do ponto de vista psíquico, o bingo e o caça-níqueis funcionam como um *objeto sedutor* – como um adulto que excita a criança com uma promessa: "venha, eu vou te dar exatamente aquilo que você deseja".

E o que o jogador deseja? Dinheiro, é claro, mas considerando que todos nós temos que "ganhar o pão com o suor do rosto", o que o jogador deseja é escapar a esse destino. O jogo seduz o jogador prometendo-lhe que ganhará dinheiro sem suar a camisa. Quem, em sã consciência, não gostaria de ganhar dinheiro sem esforço? A diferença entre nós e o jogador compulsivo é que, por questões ligadas ao seu funcionamento psíquico, ele realmente acredita na promessa. Ou melhor: a criança-nele acredita!

M – DO QUE ESTAMOS FALANDO, EM TERMOS METAPSICOLÓGICOS?

Formulo aqui uma primeira hipótese sobre a subjetividade do (futuro) jogador compulsivo. Ela se constitui num campo intersubjetivo em que a criança foi seduzida por um adulto que prometeu lhe dar exatamente o que ela deseja: não estar submetida a nenhum tipo de limitação em relação ao gozo. Ela compra a ideia de que escapará da lei que proíbe o incesto. Essa configuração inconsciente é transferida para a mesa de jogo: sou uma exceção, vou conseguir ficar rico sem trabalhar. Na dimensão da escuta analítica, isso seria uma representação do incesto.

Vejam que o pedido de Rita vai nessa linha. Ela não usa máscara e convoca (seduz?) o analista para que ele também tire a sua. No contexto da pandemia, ela quer ser uma exceção. O analista não compactua com esse desejo. A lei sanitária vale para todos, inclusive para ela. Assim como recusaria um convite para um chopp, o analista recusa o pedido de tirar a máscara. Cabe a ele sustentar não só o enquadre (os dois de máscara), mas também a ética: o analista se compromete a sustentar a interdição em relação ao incesto.

Tudo isso para dizer que o pedido da paciente não parece ser uma tentativa regressiva de reasseguramento. O jogo tampouco parece ter a função de refúgio autístico. O convite para subverter enquadre e ética nos remete ao campo da perversão –anterior ao recalque. Nosso colega concorda com essa interpretação e acrescenta que, apesar da família ter fechado sua conta no banco, Rita continuou a jogar com dinheiro do seu "caixa dois": mais transgressão.

Resumo da ópera, e primeira surpresa deste ateliê: dois fatos que aparentemente não tinham relação um com o outro – o jogo e a máscara – são determinados pela mesma dinâmica psíquica envolvendo transgressão da lei e exceção – ela quer "poder tudo".

~

Em sua primeira sessão, Rita conta o seguinte:

> *Meu pai era um caixeiro viajante que só aparecia em casa no fim de semana. Ele me sentava no colo, tomava vinho e comia azeitonas; me dizia que eu era a filhinha do papai. Quando tinha 12 anos, ele me deu um vestido, um par de botas e me levou a um hotel, onde me estuprou. Já adulta fui até lá para investigar a ficha*

dos hóspedes; queria saber se fui, ou não, estuprada. Ele morreu 15 dias depois que fiz 15 anos.
Quando eu tinha 17 anos, minha mãe me obrigou a casar. Meu marido me estuprou. Voltei grávida de uma menina para a casa dela. Depois conheci outro homem, com quem me casei. Na verdade, ele me sequestrou e me obrigava a ter relações sexuais todos os dias porque queria uma filha.
Minha mãe criou minha filha mais velha, e meu marido, a mais nova. Ele sempre foi violento, mas atualmente está cego e eu cuido dele.

M – INDEPENDENTEMENTE DESSES ESTUPROS TEREM ACONTECIDO OU NÃO, EU ESCUTO A CRIANÇA-NELA DIZENDO ALGO COMO "SOFRI ALGUM TIPO DE VIOLÊNCIA DE NATUREZA SEXUAL QUE, NA FALTA DE TERMO MELHOR, ESTOU CHAMANDO DE ESTUPRO".

Nosso colega traz mais material clínico significativo nessa linha. Em pouco tempo, Rita desenvolve uma transferência amorosa/erótica e começa a lhe enviar áudios nos quais está se masturbando. No divã, usa as almofadas da poltrona com a mesma finalidade, até que nosso colega acaba por retirá-las.

Pergunto ao colega se os áudios o excitam ou incomodam. Ele diz que não o excitam, mas incomodam. Aliás, Rita lhe envia dezenas de áudios e mensagens todos os dias, sempre com o mesmo teor. Quando percebeu que seguiam sempre o mesmo padrão, avisou a paciente que não os escutaria mais. A conversa entre eles se daria exclusivamente durante a sessão. Há uma grande coerência de sua parte no sentido de preservar o enquadre e de sustentar a posição analítica: não vai extrair nenhum tipo de gozo dessas mensagens.

Do lado dela também há uma grande coerência, mas no sentido oposto. Mesmo sabendo que o analista não escutaria seus áudios, continuava mandando vários por dia. *Spoiler*: o sentido desse comportamento nos intrigou ao longo de todo o ateliê; só no quarto encontro conseguimos uma compreensão de sua função no campo transferencial. Em sessão, pede para ele tirar os óculos para melhor "curtir seu belo rosto". Faz muitas comparações entre o analista e seu pai, e o sentido disso é convidá-lo a fazer com ela o que seu pai fazia. Fala de uma viagem em que se apaixonou por um homem que a colocou de quatro e a estuprou. Sugere ao analista que ele abuse das crianças que atende.

Aqui cabe uma observação. Não basta chegarmos à conclusão fácil de que "é uma perversa", ou então "é uma psicótica". Rótulos não ajudam em nada. Precisamos ter em mente que, por mais estranho que pareça, Rita está fazendo a sua parte. Ela colabora com a análise porque, do jeito que pode, está trazendo material ligado ao traumático em busca de simbolização. O que torna esse caso particularmente desafiador é que muito desse material clínico vem na forma de *agieren*. É o termo em alemão que Freud usa em "Recordar, repetir, elaborar" (1914/2010) quando entende que, em vez de recordar, o paciente *age*, isto é, repete no campo transferencial uma cena inconsciente que está em busca de elaboração.

A repetição – uma espécie de *performance* inconsciente – é uma forma de rememoração daquilo que nunca foi consciente. Hoje falamos em *enactment*. Quem cunhou o termo parece ter sido Theodore Jacobs, no artigo "*On coutertransference enactments*", de 1986.[2] O *agieren* de 1914 se referia apenas ao paciente e sua transferência: era ele quem repetia seus padrões inconscientes, enquanto o analista se mantinha como observador neutro. Já o *enactment* se refere ao

2 Agradeço a Gabriel Gualtieri por essa informação.

campo transferencial e supõe dois sujeitos em interação recíproca, cada um convocando no outro certo tipo de resposta complementar e sintomática.

Como no teatro, não há diálogo analítico sem a presença de dois personagens, cada um com seu *script*. A diferença é que, em análise, o *script* é inconsciente, tanto para o paciente quanto para o analista. Isso significa que as identificações inconscientes que estão sendo agidas no campo transferencial-contratransferencial terão de ser deduzidas a partir de *quem eles estão sendo* na cena analítica.

Tudo isso para dizer que Rita repete na transferência o que não pode recordar; e ela não pode recordar porque a cena traumática está clivada, não tem representação simbólica, está inacessível. De modo que, por mais incômodo que seja para o analista, Rita está fazendo a sua parte. O trabalho de reconhecer o que se atualiza nesse campo transferencial é nosso.

Continuamos intrigados: para quê, ou para quem, ela manda todos esses áudios, mesmo sabendo que o analista não irá ouvi-los? O que ela está colocando em ato na transferência? Que "*performance*" é essa? Quais são os personagens que compõem a cena?

Não temos a menor ideia. Sabemos apenas que o ponto de partida obrigatório para um começo de resposta é a contratransferência. Pergunto ao colega se ele tem a impressão de que ela faz isso para seduzi-lo ou excitá-lo. Ele acha que sim. Traz como exemplo o relato detalhado de uma viagem em que se apaixonou por um homem que ficou muito excitado, a colocou de quatro e a estuprou. Na escuta dele, o material era diretamente transferencial. Inclusive sonhou com Rita. "Eu estava me despedindo de um paciente pela janela do meu consultório quando ela vem por trás e pega no meu pescoço. Era um gesto erótico, mas, ao mesmo tempo, eu sabia que corria perigo – eu tinha medo de ficar sem ar".

Nosso colega diz que ficou angustiado e incomodado com esse sonho. O termo "incomodado" é um bom começo, embora seja um tanto vago. No Ateliê 3, "A gata majestosa" (Minerbo, 2025), a analista também referia um "incômodo". Foi preciso elaborar a contratransferência para que esse afeto ganhasse o sentido de "estar sobrando e receber o mínimo". Aqui, o analista acabou encontrando a palavra exata para seu "incômodo". Rita tenta *ocupar* sua mente. É um primeiro passo para a elaboração da contratransferência.

Este ateliê se diferencia dos outros porque, nesse primeiro encontro, o material clínico é a contratransferência. Rita impõe ao analista uma experiência cotidiana penosa: a ocupação de sua mente-corpo.

O termo "ocupar" está sendo utilizado em sentido similar ao de ocupação ilegal de um terreno; invadir, tomar posse, se apropriar, se instalar, colonizar. A imagem do sonho – Rita pega seu pescoço por trás – é uma boa figuração dessa "ocupação"; mas não é só isso. Em sessão, Rita fica olhando para o analista o tempo todo. Ele não marca ninguém no horário anterior porque ela chega uma hora antes e ocupa a sala de espera. Antes ou depois da sessão vai ao cabelereiro ao lado do prédio e faz suas compras por lá.

Ainda na lógica da ocupação, Rita, que é artista, quis lhe dar um de seus quadros de presente, já indicando em que parede do consultório deveria pendurá-lo. Assim como se recusou a tirar a máscara, nosso colega recusou o quadro. Rita ficou furiosa, saiu batendo a porta, mas voltou na sessão seguinte. Enfim, a ocupação começa na sala de análise e se expande para o quarteirão onde fica o consultório. Nem é preciso dizer que nunca falta ou se atrasa. Quando vai para casa depois do trabalho, o analista imagina que ela está na rua esperando por ele. Ele resume tudo com "Rita fica me *stalkeando*".

O analista continua:

> *um dia nos encontramos em um concerto. Ela me viu, pulou uma divisória e foi me cumprimentar. Eu a cumprimento, mas não me levanto da poltrona. Na sessão seguinte, Rita se queixa de que fui mal-educado. Encontrou o doutor x que se levantou e lhe deu um abraço. Esperava que eu fizesse o mesmo. Pergunta sobre minha mulher e meus filhos. Descreve fantasias sobre como poderiam ser nossos encontros fora do consultório. É tudo tão caricato que, embora tenha sessenta anos, parece uma criança de três.*

Ele tem razão: quem faz tudo isso é a criança-em-Rita. De todo modo, não custa repetir que a repetição (!) indica que algo da ordem do inconsciente continua em busca de elaboração e de integração.

~

Que idade teria a criança-em-Rita? Seria a criança edipiana tentando seduzir a figura paterna? Ou, num registro arcaico, seria uma paixão avassaladora pelo objeto primário? A estranheza de tudo o que estamos escutando me sugere algo muito diferente dessas leituras mais conhecidas.

Pergunto ao colega: o que ela imagina que aconteceria caso "ganhasse" o analista? Ele nos traz mais um elemento contratransferencial importantíssimo. Diz que não poderia fazer essa pergunta com o intuito de "explorar a fantasia", pois ela a tomaria ao pé da letra e como proposta concreta. Estaria pondo lenha na fogueira. Sua resposta indica que a paciente não funciona no registro neurótico. Ela não conhece o "como se". O caráter alucinatório ou mesmo delirante da transferência não fala a favor de um "mero Édipo".

E no registro do arcaico? Sabemos que o que move a paixão amorosa não é o desejo ou o prazer, e sim a esperança de ser resgatada de algum sofrimento narcísico. O objeto não importa em si mesmo. Ele é investido maciçamente pois, por alguma característica real, é visto como podendo "curar" o sujeito de alguma dor que se desconhece enquanto tal. A paixão amorosa é sempre desesperada porque o objeto é vivido no registro da necessidade – possuir o objeto se torna uma questão de vida ou morte (Aulagnier, 1984). No caso de Rita, seria possível reconhecer de que dor ela seria resgatada, caso o analista correspondesse à sua paixão?

Alguém no ateliê lembra o que Rita contou a respeito do pai: ele nunca estava em casa; aos doze anos, levou-a a um hotel e a estuprou. A colega quer saber se isso não falaria a favor do registro edipiano. Não necessariamente. Se o pai é vivido como uma Entidade todo-poderosa, acima do bem e do mal, que pode matar ou salvar, então ele está no lugar de uma mãe arcaica. No Édipo, a figura paterna é mais nuançada e certamente não é ameaçadora. A relação com o pai só é marcada pelo ódio se ele for investido também como Entidade que poderia salvá-la correspondendo à sua paixão amorosa, mas se recusa a fazer isso porque "não está nem aí para ela".

O analista complementa a história de Rita com outros dados. Descobriu que o pai tinha outra filha, de quem ficou amiga. Além dessa meia-irmã, tem outros irmãos: todos a forçaram a fazer sexo oral e a estupraram quando pequena. Diante disso, outra participante do ateliê pergunta se o resgate narcísico, pela via da conquista do objeto da paixão, não seria justamente desse sofrimento. O problema é que o sofrimento do qual ela espera ser resgatada é inconsciente. A menos que estejamos diante de uma dissociação: intelectualmente, ela nomeia o sofrimento, mas não há qualquer conexão emocional com ele; o afeto está clivado.

Nós, no ateliê, estamos tentando entender de onde vem isso – sendo que *Isso,* ou Id – é justamente o termo que Freud usou no segundo modelo do aparelho psíquico para falar do que nunca foi consciente. Falei bastante disso no capítulo 2 do volume 1 desta Série (Minerbo, 2024).

De onde vem toda essa paixão, excitação, tentativa de sedução, ou melhor, de ocupação da mente-corpo do analista? O importante, nessa discussão, é que, embora a sexualidade apareça de forma gritante, ela tem mais a função de "ocupação" do corpo-mente do analista do que propriamente de sedução. A contratransferência é soberana: o analista se sente mais em risco de ser ocupado do que seduzido. O conceito útil, aqui, é o de "identificação projetiva" (Klein, 1946/1991). Ela projeta algo do seu mundo interno para que o analista se identifique com o projetado. Bion entendeu a dimensão de comunicação da identificação projetiva: "sente aí o que eu senti, mas não faço ideia do que seja, e me conta".

Há também outra maneira de entender essa *performance* de Rita no campo transferencial. A criança-nela está tentando *mostrar* ao analista por meio de uma encenação, de gestos, de comportamentos e de uma pantomima, algo impossível de ser posto em palavras: a experiência penosa – traumática – de como seu corpo-mente foi ocupado por algo que provém do inconsciente da figura parental. Ela está mostrando ao analista: "veja em que tipo de vínculo (perverso?) eu precisei me constituir".

~

Nesse momento, várias pessoas no ateliê se manifestam. Imagino que estejamos todos angustiados com esse caso.

Sobre a dimensão de salvação presente na paixão amorosa, alguém pergunta se ela não estaria querendo ser salva de si mesma, de ser quem ela é. O problema dessa leitura é que ela é vaga: o que seria "ser salva de ser quem ela é"? Nosso colega acha que até faria sentido pensar que ela precisa ser salva da excitação sexual que ocupa seu corpo-mente e que a intoxica. Associa com um conto em que uma mulher tenta se matar para se livrar de uma excitação infinita.

Outra pessoa retoma algo que ficou para trás: quer saber por que a mãe obrigou Rita a se casar. O analista responde que, segundo ela, a mãe queria evitar que ela "se perdesse", isto é, se tornasse prostituta. Percebe-se a que ponto as figuras parentais (pai que estupra; mãe ex-prostituta teme que a filha siga esse caminho) estão encharcadas de uma sexualidade aberrante e muito mal integrada. O material clínico está igualmente encharcado de sexualidade. O comportamento caricato de Rita também indica a impossibilidade de integração. Saindo um pouco do impacto que esse material produz, percebemos que é sempre mais do mesmo.

Alguém sugere que o desejo sexual em relação ao analista poderia ser entendido como desejo de contato humano. Sim, essa leitura também faz sentido. É como se os dois registros, o do afeto/ternura e o da sexualidade, estivessem misturados e confundidos. O analista concorda, ela fala muito de homens que lhe dão um abraço. Ele tentou ir pelo caminho da fome de intimidade, de empatia, mas não foram muito longe; Rita volta sempre ao conteúdo sexual. Por exemplo, foi ao dentista e, na saída, ele também a abraçou demoradamente num sentido erótico.

Do nosso lado, imaginamos exercícios de intervenção. Por exemplo: "Estou vendo que o abraço do dentista é muito importante para você". O colega conta que foi exatamente o que ele disse. Ela respondeu: "claro, dar um abraço é humano, as pessoas fazem isso, não sei por que você se recusa a fazer isso comigo". Ótimo! Diante dessa resposta, nós não largamos o osso! "E por que você acha que eu me recuso a fazer isso com você?".

Aqui, ela talvez não saiba responder – talvez seja um buraco de representação –, mas talvez ela tenha uma fantasia secreta: o analista estaria se defendendo de seu próprio desejo por ela. Ele confirma essa hipótese: "Rita pensa que tenho medo de não resistir".

Alguém no grupo pergunta se seria uma projeção do medo/desejo dela. Nessa linha, a projeção constrói transferencialmente o analista como uma figura incestuosa. Estamos falando, é claro, de uma transferência psicótica. Alguém no grupo lembra da série *Bebê Rena*,[3] em que o *barman* oferece uma bebida de graça para a cliente, e isso basta para a criança-nela se sentir seduzida. O gesto acendeu uma paixão transferencial com características psicóticas.

Mais uma vez, nosso colega compartilha com o grupo a tensão na qual ele é obrigado a trabalhar. Consigo imaginar o clima. Se eu jogasse bingo seriamente, ficaria tensa na expectativa do próximo número. Vou preencher a cartela ou inserir mais uma moeda e conseguir um alívio da tensão? Ou a tensão/excitação vai continuar até aquela jogada terminar? Curiosamente, Rita diz que não joga com a intenção de ganhar. É possível: ela joga, então, justamente para se manter excitada, para se manter na expectativa. Lembra-me o priapismo, condição na qual a ereção dura dias, é dolorosa e não há o alívio do orgasmo.

A tensão no jogo e a tensão no campo transferencial indicam que, nos dois casos, ela mantém *ativamente* a expectativa/esperança de realizar o desejo de gozar infinitamente, sem limitações. Do ponto de vista da psicopatologia psicanalítica, eu diria que Rita tenta, mas não consegue, a solução perversa, que seria criar uma realidade paralela recusando a castração. Aqui, ao contrário, a castração se

3 *Baby Reindeer*. Criação: Richard Gadd. Produção: Clerkenwell Films. Distribuição: Netflix, 2024. Série de TV (*streaming*).

impõe de forma cruel, seja quando Rita perde no jogo, seja quando o analista não compactua com ela.

Segundo encontro

O analista traz um fragmento clínico:

> *Vi no jornal uma tira de humor que adorei. Vários cachorros, cada um sobre um divã, de barriga para cima, esperando para receber massagem terapêutica.*

A conexão com a situação analítica é óbvia; o analista sente que é uma armadilha – um convite para acabarem falando de massagem erótica, criando um clima de excitação na sessão. Com a boa desculpa de estar "apenas" interpretando o material clínico, ele estaria de fato fazendo o que Rita deseja, isto é, excitando-a. *Spoiler*: essa situação na qual um adulto se aproveita de sua condição de "cuidador" para seduzir a criança vai aparecer claramente adiante. Percebendo a armadilha, o analista opta por ficar em silêncio. Esse silencio é uma interpretação. Ele está sinalizando à paciente que não vai "tocar tambor para maluco dançar", isto é, não vai corresponder à convocação transferencial, alimentando o sintoma.

Alguém no grupo pergunta se esse silêncio poderia ser defensivo. O analista estaria com medo de abrir a guarda e ser vencido pela *ocupação*. Bem pensado. Como a convocação para a "orgia" é contínua, é possível que ele esteja hiperalerta. Uma alternativa seria interpretar a identificação projetiva: "você quer que a gente fale de massagem erótica, mas em que isso ajudaria você e sua análise?". Essa interpretação tomaria em consideração tanto o conteúdo da historinha quanto a transferência sobre o analista. Porém, dar-se o direito de ficar em silêncio também pode ser um manejo interessante, ou pelo menos o manejo possível. O importante é ver o que a paciente faz com isso.

Por falar em cachorro, há muito material com Pipa, que ela ama de paixão. Pacientes que tiveram dificuldades em estabelecer uma comunicação profunda com o objeto primário costumam ser muito dependentes de seus *pets*. Embora pareça que é a pessoa que cuida do seu cachorro, para a escuta analítica é o cachorro, no lugar do objeto primário, que cuida da criança-nela. Certo dia ela diz:

> *Acho que vou acabar matando a Pipa. Mais uma vez ela teve convulsões.*

M – QUE ESTRANHO! O QUE SERÁ QUE ELA QUER DIZER COM ISSO?

Acabamos entendendo que Rita imagina que sua cachorra "absorve" suas loucuras, o que vai deixá-la doente e matá-la. Enquanto representação da figura materna, Pipa acolhe os elementos-beta provenientes do psiquismo da criança-nela, mas em algum momento não vai dar conta de processar tudo isso. As convulsões que Pipa tem de vez em quando indicam que ela já está intoxicada.

Sua interpretação é interessante: a cachorra a ama tanto que está se sacrificando por ela. Ou Pipa simplesmente não tem opção: como ficam juntas 24 horas todos os dias, não tem como se proteger, nem para onde fugir. "Vou acabar matando a Pipa" seria, então, a percepção de que está habitada por conteúdos tóxicos que transbordam e inundam seu objeto de amor. Inclusive o analista.

Depois da tirinha sobre a massagem terapêutica/erótica, outros temas se sucedem. Rita chora abundantemente quando fala do pai abusador, da empregada que não veio, da cachorra que não pode ficar sozinha, de seu Parkinson que está avançando. Mais uma vez, o analista tem a sensação de que ela procura maneiras de *ocupá-lo*:

se a via erótica não funcionou, quem sabe chorando ela consiga alguma coisa.

Em outra leitura, a criança-em-Rita tenta tocar uma figura materna fria e insensível. Nosso colega acrescenta que, como estão juntos há quatro anos, foi se tornando mais frio por conta das investidas dela. Comento, então, que o melhor caminho para recuperar a posição analítica é encontrar a angústia da criança-no-adulto, pois é esse afeto que sinaliza o terreno traumático que a assombra e precisa ser simbolizado.

Quase por acaso, nosso colega traz um tipo de material que lhe parece pouco relevante, dado o contexto tóxico da análise. Contudo, quando ele começa a falar, minhas orelhas analíticas ficam em pé: esses "meros detalhes" costumam abrir caminhos quando o jogo está trancado, como é o caso dessa análise. Como estamos vendo, a partir de certo ponto, trazer mais do mesmo não nos ajuda a avançar.

Ele conta que Rita estabelece contato com algumas pessoas e depois rompe. Não tem amigos, apenas essas relações superficiais.

M – OPSS! QUE PESSOAS? QUE TIPO DE RELAÇÃO? POR QUE ROMPE?

Ele tem exemplos. Rita foi comprar sapatos e se tornou amiga da vendedora. Depois de um tempo de amizade, a moça começou a lhe pedir dinheiro. Rita rompeu com ela alegando que se sentiu "usada". A mesma coisa aconteceu com o motorista de aplicativo. Eles se tornaram amigos e, em certo momento, o rapaz a convidou para jantar. Rita sentiu que ele passou do ponto e rompeu a relação.

Fico animadíssima com essa historinha! Vejam só! Numa escuta em 2D, isto é, ficando no conteúdo manifesto, ela busca pessoas em posições subalternas para preencher sua carência afetiva. Essa escolha se justifica se ela imagina que dificilmente seria rejeitada por elas. Nessa escuta, Rita é uma pessoa solitária que precisa de amigos.

Contudo, a escuta analítica – tenho chamado isso de escuta em 3D – revela algo totalmente diferente! Eu "enxergo" nesse tipo de relação um vínculo assimétrico, como o que existe entre a figura parental e a criança. Ela está no lugar da figura parental, e a vendedora de sapatos/o motorista de aplicativo, no lugar da criança. Ela convida essa outra pessoa a se tornar sua amiga, isto é, seduz a criança. A vendedora de sapatos acredita que se tornou amiga de uma mulher rica e lhe pede dinheiro. Nas mesmas condições, o motorista passa a querer sexo.

Vendedora e motorista representam a criança seduzida que fica excitada e "quer mais". Exatamente como ela que, na entrevista, queria que o analista tirasse a máscara de proteção contra a covid-19. Ela já queria "mais"! Vimos que o cassino faz a mesma coisa: seduz o jogador que, excitado, passa a querer sempre "mais". A cena não termina aí. Quando a criança está suficientemente excitada, Rita – o adulto – se retira "escandalizada". A criança fica lá, atordoada, tendo que se haver com sua excitação, e sem entender nada. Afinal, a vendedora e Rita não eram amigas? Vejam o jogo perverso: a criança é punida por querer "mais" quando foi o próprio adulto que a seduziu. Pensando bem, Rita não fica escandalizada. Ao contrário, parece que ela goza com esse tipo de situação.

Agora que escrevo, percebo que desembocamos em algo totalmente inesperado! A escuta analítica (a interpretação do material clínico) revela uma cena de pedofilia, embora sem uma atuação sexual explícita. Durante o ateliê, esse termo não apareceu, mas a cena que estamos construindo, na linha de "Construções em análise" (Freud, 1937/2017), a partir da transferência e da contratransferência, é a cena de um adulto que excita a criança e goza ao vê-la impotente e desnorteada. É o gozo do adulto que me faz pensar que isso seja uma forma de pedofilia, embora não nos moldes clássicos como definida pela psiquiatria.

Atropelada pelo desejo sexual do adulto, a criança fica desnorteada, impossibilitada de reconhecer a violência sexual encoberta, e a objetificação de que foi vítima. E isso pela boa razão de que a situação parece perfeitamente inocente. Como na desmentida de Ferenczi, "não aconteceu nada": eram amigos e não são mais porque a vendedora e o motorista quiseram "mais". Simples assim.

Agora: imaginem que Rita tenha sido essa criança; que ela tenha sido tomada como objeto do gozo do adulto pedófilo e continua a querer "mais", agora com o analista. Na transferência, ora ela é a criança desvalida que convoca o analista a gozar, ora o analista é a criança desvalida, que não pode quase nada contra a cena perversa que ela arma na transferência.

Ainda assim, alguma coisa ele pode: manter-se firme no enquadre, não ler as mensagens, não embarcar no material cuja função é arrastá-lo a ser o adulto sedutor. Por exemplo, não responder ao apelo para falar da massagem terapêutica-erótica dos cachorros sobre o divã, pois sabe perfeitamente que não estaria "apenas interpretando" o material clínico.

Repetindo: para mim, a cena revela a lógica da pedofilia porque a mente-corpo da criança é usada como objeto do gozo sexual do adulto. Em que isso se diferencia de uma "simples" situação incestuosa? Nesta, os papéis de pai/mãe e filho/filha estão claramente definidos e preservados; a criança não está sendo "usada". Ela não está sendo objetificada; ao contrário, o filho/filha é objeto de uma paixão amorosa por parte de um adulto que "passa do ponto". Na pedofilia, qualquer criança desvalida serve, porque não terá como resistir à objetificação por parte do adulto. A cena perversa é cuidadosamente construída, e é repetida com os mesmos detalhes.

A situação transferencial começa a fazer sentido. A escuta em 3D dessa historinha nos aproxima do que estávamos procurando: o terreno traumático inconsciente, para além daquilo que Rita é capaz de relatar.

Retomo a ideia de que a cena de pedofilia não é explícita, sexualmente falando, e está encoberta por uma aparência perfeitamente inocente. Isso combina com o extremo cuidado do analista para não aceitar pedidos aparentemente inocentes, mas que são convocações poderosas para que ele seja o adulto sedutor. E combina com a ideia de que o corpo-mente da criança está *ocupado* por "algo" – a sexualidade perversa – que pertence ao psiquismo do objeto.

Ao ouvir tudo isso, nosso colega associa com mais uma situação que corresponde exatamente à cena de pedofilia não explícita. Ele conta o seguinte: Rita era voluntária num orfanato. Ia lá com frequência para brincar com as crianças. As que se apegavam a ela podiam ir passar um fim de semana em sua casa. Seria o caminho em direção a uma eventual adoção. Certa vez, levou para casa uma menina com deficiência. De noite, colocou a menina para dormir em sua cama. Segundo ela, a menina começou a boliná-la. No dia seguinte, devolveu a criança ao orfanato.

É a mesma cena! No lugar da vendedora de sapatos, temos uma órfã com deficiência. Acobertada pelo álibi de lhe oferecer um lar, cria a cena perversa com todos os elementos vistos anteriormente: excita a criança, que possivelmente fica na expectativa de ser adotada; em algum momento, começa a "querer mais" e Rita rompe a relação. Estou presumindo o mesmo gozo perverso e a mesma objetificação da criança desvalida. O termo "deficiente" indica a condição *apassivada* da criança atropelada pela sexualidade do adulto.

Repito: passar um fim de semana com a criança do orfanato poderia ter o sentido inocente de criar um vínculo afetivo necessário para as duas, assim como poderia simplesmente querer ser amiga da vendedora; mas os detalhes da historinha mostram que não passa de um álibi perfeito para usar a criança sem que ninguém – nem mesmo Rita! – suspeitem do abuso de poder e da violência sexual implícitos nessa cena.

Entendo esse material como representação do vínculo intersubjetivo no qual a criança que ela foi teve que se constituir. É como se ela dissesse ao analista: "Veja em que tipo de vínculo eu me tornei esta pessoa que agora tenta ocupar sua mente com minha sexualidade desgovernada".

Nesse momento, alguém no ateliê lembra que ela não cuidou de suas duas filhas. Na verdade, diz o colega, não permitiram que ela cuidasse, e ela não sabe dizer o motivo. Talvez tenha a ver com tudo isso.

Terceiro encontro

Durante a recapitulação que costumo fazer, alguém no grupo observa que falar em álibi é supor uma intencionalidade perversa, e pergunta se esse material não poderia ser lido no registro da psicose. Excelente pergunta!

Vamos examinar essa hipótese. Nesse caso, a figura parental psicótica simplesmente não é capaz de diferenciar "cuidar da criança", registro da necessidade, e "usar a criança", registro erótico. As duas coisas se confundem e o corpo-mente da criança é investido de forma ambígua. Pode ser. Levar a criança com deficiência do orfanato para casa, e para sua cama, seria mais psicótico do que perverso; mas o que fazemos com o termo que ela usou, "bolinar"? E o que fazemos com tudo o que entendemos a partir da contratransferência do analista, como, por exemplo, seu extremo cuidado para não ser arrastado para o papel de adulto sedutor?

Outra pergunta excelente: por que levar a criança para casa não poderia ser simplesmente um gesto amoroso? De fato, poderia ser isso, assim como muitas pessoas dormem com seus *pets*. Aliás, poderia ser simplesmente uma questão de logística, talvez não houvesse outras camas na casa. Mais uma vez, não podemos ignorar o termo "bolinar". O material poderia fazer referência à ternura, sem qualquer referência à excitação sexual, mas não foi o que Rita disse. A clínica é soberana.

Na linha da pergunta feita pela colega, o analista de Rita diz que, na sua leitura, todo esse material estava no registro do cuidado amoroso. Rita lhe mostrava mensagens do orfanato dizendo que as crianças queriam desesperadamente que ela fosse mãe delas. Foi só quando interpretamos a relação com a vendedora e o motorista como sedução que lhe veio à mente a associação com a órfã que ela levou para casa.

Por falar em associação, a próxima é maravilhosa, e vai nessa mesma linha de pensamento clínico.

Já sabíamos que todos os dias Rita lhe mandava dezenas de mensagens eróticas/apaixonadas que o analista optava por não ler. Por algum motivo, abriu uma dessas mensagens e leu o seguinte:

> *Lembrei de quando saí com o Zé. Ele parecia um cordeirinho que ia para o abate. Estávamos na cama já fazia um tempo e ele não conseguia nada. Quando chupava meu seio, eu sentia um prazer enorme vendo o desespero dele. Me excitava ver que ele fazia o que eu queria, e não*

> *o que ele queria. Até tomando banho eu senti um prazer imenso. Me masturbava pensando no desespero dele.*

Mais uma vez, a historinha traz a representação de um adulto que se excita ao ver a excitação impotente e desesperada da criança (o cordeirinho que vai para o abate).

M – E QUEM É QUEM, NA CENA COM O CORDEIRINHO?

Seria ela o bichinho inocente e desesperado, usado por um analista que supostamente goza com isso? Ou é ela que goza ao imaginar que o analista é o cordeirinho que, a cada sessão, vai para o abate desesperado de desejo como o Zé da historinha, mas impossibilitado de transar com sua paciente? Seja como for, temos uma criança excitada, desesperada porque não tem a capacidade para o orgasmo. No primeiro encontro me veio a imagem do priapismo, disfunção na qual a ereção dura dias sem que seja possível o alívio do orgasmo. Essa imagem me parece adequada para falar da "ocupação" do corpo-mente por uma excitação que não pode ser escoada.

~

Nosso colega quer ler outra mensagem:

> *Vou explodir num gozo ao pensar no seu cheiro, seu gosto, seu gozo escorrendo pelos meus seios. Esta sensação não passa. É uma sensação deliciosa. Fulano (nome do analista), eu te amo. Que mulher linda você despertou dentro de mim. Me mantenha viva! Não tenha medo de ser feliz. Coisa mais deliciosa que já vivi em minha vida. Às vezes sinto como se você estivesse me acariciando.*

> *Sinto um amor inexplicável. Me avise se estou sendo cruel com você. Estou dando voz para uma mulher dentro de mim. Lute, fulano!*

Rita realmente faz de tudo para excitar o analista. Mais uma vez, quem é quem nessa cena? Penso que as posições adulto sedutor/criança-objetificada-seduzida-ocupada pela sexualidade do adulto são intercambiáveis.

M – O QUE PODERÍAMOS DIZER A ELA?

Talvez algo do tipo "você me imagina desesperado para transar com você?".

Nosso colega volta a dizer que evita esse tipo de intervenção, pois acha que será escutada como uma proposta e, portanto, inflamável. Diante disso, podemos nos limitar a fazer contato com a angústia, lá onde ela aparece: "sua mensagem me fez pensar no desespero do cordeirinho". Estaríamos mais próximos do sofrimento que se desconhece enquanto tal: o horror de estar nas mãos de um adulto perverso/pedófilo que goza com o desespero da criança excitada.

Alguém no grupo sugere que Rita usa o analista como um braço de sofá para se masturbar. A colega vê aí a desumanização do analista, reduzido a objeto. O analista está no lugar da criança transformada em mero objeto de gozo do adulto. Zé, o cordeiro, certamente era mero objeto do gozo dela. Concordo, mas até certo ponto, pois também é verdade que um braço de sofá não reage, e ela faz de tudo para seu analista reagir. Ela tenta arrastá-lo para o papel de adulto pedófilo. Testa seus limites na esperança de que uma hora ele se renda. Talvez por isso não desista de mandar mensagens. Ou talvez acredite que secretamente o analista leia suas mensagens e se masturbe com elas.

M – COMO ELA FAZ PARA CONVOCAR NO ANALISTA O ADULTO PEDÓFILO?

A mensagem que o analista leu nos dá uma pista. Ela estaria fornecendo a esse adulto o que supõe que ele deseja dela. Ela tenta corresponder ao que entende ser o desejo dele.

Agora que escrevo, arrisco uma interpretação sobre qual seria a função dessas mensagens. Ocorre-me que elas são peças de *pornografia infantil.* Rita oferece seu desespero de criança excitada ao analista – suporte transferencial de seu objeto interno – porque tem certeza de que, secretamente, ele goza com isso. Pelo menos foi o que ela disse a respeito do Zé: ela se masturbava pensando no desespero dele.

A função das mensagens, agora entendidas como pornografia infantil, é uma maneira poderosa de convocar o pedófilo que a criança-nela supõe que há no adulto cuidador. Talvez haja mesmo um pedófilo em todos nós, basta o estímulo certo, no contexto adequado, para que essa face obscura do desejo humano apareça. Nesse sentido, a criança-nela espera/deseja/supõe que ele se masturbe diariamente pensando nela, usando o abundante material pornográfico que ela lhe oferece.

M – O QUE PODERÍAMOS DIZER A ELA? VAMOS IMAGINAR ALGUMAS INTERVENÇÕES DE PROVA.

- *"Você quer que eu me masturbe escutando os seus áudios?"*
- *"Você imagina que é isso que eu quero de você?"*
- *"Imagina que eu tenho prazer em ver o seu desespero?"*

Mais uma vez, o colega tem receio de que isso sirva apenas para pôr lenha na fogueira. Agora fica claro para mim que ele tem horror de ser arrastado involuntariamente para a posição de adulto pedófilo que põe lenha na fogueira. Com toda razão!

Decididamente, para escapar dessa armadilha, temos que encontrar a angústia da paciente na situação analítica. Um cordeiro que está indo para o abate não pode sentir outra coisa que não seja terror/pavor. Se nomeássemos esses afetos, talvez fosse possível começar a diminuir a clivagem. Essa defesa certamente lhe permitiu sobreviver, mas a que preço!

- *"É apavorante estar nas mãos de um analista que curte o seu desespero."*
- *"É apavorante pensar que, para mim, você é só material pornográfico."*

Ela poderia se ver narrada por um terceiro – o terceiro que não existe na cena originária na qual o adulto usa a criança como objeto de gozo sexual. Ela poderia ver seus sentimentos espelhados de forma sintônica, empática e adequada por um novo objeto. Idealmente, esse tipo de intervenção ajudaria a construir, na transferência, um objeto capaz de fazer contato com algo que ela certamente desconhece.

Uma colega sugere ainda outra linha de intervenções. Lembra de um texto da Anne Alvarez (1992) em que a criança, que tinha uma deficiência física, amarra a analista de modo que não consiga se movimentar. Cabia a ela experimentar na carne o terror de estar amarrada por instrumentos ortopédicos que, para a criança, são instrumentos de tortura. A analista nomeia em primeira pessoa os sentimentos de desvalia e terror que experimentava naquela condição. Considera que, naquele momento, a pacientinha não suportaria que o sentimento fosse associado a ela; a analista teria que "se emprestar" para nomear a experiência de terror da paciente.

Entendo a proposta. No caso de Rita, porém, acho que nomear o terror como sendo "dela" é justamente o que nunca foi feito. Imagino que falar a partir do lugar do terceiro que dá sentido à cena traumática poderia lhe trazer alívio: "alguém me enxergou, alguém me entendeu para além dos meus sintomas e da minha loucura!".

Ao ouvir a proposta da colega – o analista *se emprestar* para nomear o terror – nosso colega se lembra de uma historinha.

> *Conheci um policial, ele era bem violento. Me convidou para viajar com ele num fim de semana em que eu tinha que ficar com minhas filhas, que ainda eram pequenas. Então eu levei elas comigo. De noite eu percebi que ele estava de olho nelas. Fiquei apavorada de imaginar que ele poderia estuprar elas. Dei um jeito de ser estuprada no lugar delas.*

Bingo! Aqui, vemos claramente que ela faz contato com o terror por meio das filhas. Por meio de interposta pessoa – as filhas –, ela faz contato com o que nela está clivado, inacessível. Eu teria explorado bastante essa historinha: será que as meninas perceberam o desejo do policial? Tinham noção do que poderia acontecer? O que será que sentiram? Será que ficaram excitadas? Apavoradas? Perceberam o pavor da mãe? etc.

Essa historinha é preciosa porque permite elaborar o traumático da criança-em-Rita de uma maneira indireta, na mesma linha que o material "inocente" sobre a vendedora e o motorista de aplicativo.

~

Em certo momento surgiu a questão da medicação. Ela recusa a sugestão do analista de consultar um psiquiatra. Eis o que ela diz:

Você quer fincar uma estaca no meu coração.

A expressão "fincar uma estaca no meu coração" me fez "viajar na maionese" e me levou para os lados do exorcismo. Sim, é uma bela imagem para pensar no trabalho do analista com essa criança, cujo corpo-mente está possuído/ocupado pelo demônio...

Rita está *habitada pela sombra demoníaca do objeto*. É preciso exorcizar essa sombra – o desejo sexual do adulto pedófilo – que *ocupa* o corpo-mente da criança-no-adulto. Não faço essa construção a partir do que ela conta (meu pai me estuprou etc.), mas a partir da transferência. Vimos inúmeros exemplos de como o analista tem medo de ser transformado nesse demônio.

Uma colega pergunta se o que estou chamando de sombra do objeto seria a identificação projetiva maciça do objeto sobre ela. Sim, com um complemento: identificação projetiva de elementos ligados ao desejo sexual perverso do adulto para dentro da criança. Ela se identificou ao projetado, e o projetado, em outro referencial teórico, é a sombra do objeto. Acho que fica mais claro se pensarmos que essa sombra são os elementos-beta evacuados inconscientemente pelo corpo-mente do objeto para dentro do corpo-mente da criança. Não há como ela não se identificar com isso, assim como Pipa não tem saída a não ser acolher os elementos-beta de Rita. Sendo que Pipa representa a criança-em-Rita, que não tinha como se furtar à violência sexual disfarçada/desmentida da qual foi objeto. O comprometimento psíquico mostra a que ponto ela ficou intoxicada por tudo isso.

Outro conceito que poderia servir seria o de identificação com o agressor. Essas ideias poderiam abrir novos caminhos para a elaboração do traumático.

- *Que ela não sabe de onde lhe vem essa excitação constante e insuportável, que a obriga a tentar descarregar do jeito que dá.*

- *Que ela passou a vida habitada por alguma coisa que não era ela, não era dela.*
- *Que ela carrega, desde sempre, a sensação enlouquecedora de que seu corpo e sua mente foram ocupados pelo corpo e pela mente de outra pessoa.*
- *Que ela tem horror de se ver condenada a fazer a mesma coisa com o corpo-mente do analista.*
- *Que seu desespero para que tudo isso seja exorcizado dela para que ela consiga viver em paz.*

Enfim, poderíamos tentar variações em torno da ideia de "encosto" e de "exorcismo", incluindo os afetos correspondentes: ódio e amor pelo objeto que precisou usar seu corpo-mente para descarregar sua própria excitação; oferecer-se para dar ao objeto aquilo de que ela supõe que ele precisa; e o já nomeado terror por estar nas mãos desse objeto.

Uma colega questiona a metáfora do exorcismo, pois o termo parece se opor à ideia de trabalho psíquico, e de que é preciso ajudar o paciente a ampliar sua capacidade de pensar. Claro que o analista não vai "tirar" o encosto, não é ele que vai curar a paciente, mas ele claramente não goza com a excitação da paciente, e esse é o começo do exorcismo da sombra do objeto que ocupa a mente da criança-em-Rita.

Do lado do analista, a imagem da criança-no-adulto possuída pelo demônio pode funcionar como elemento-alfa, como uma tentativa de sonhar o pesadelo no qual a paciente está capturada. Porém, isso é só o começo. Oferecer elementos-alfa na forma de interpretação – vejam as intervenções que conseguimos imaginar – podem ser usadas pelo paciente justamente para que ele faça a sua parte de trabalho psíquico. É isso que, ao fim e ao cabo, pode liberar o sujeito da captura pela sombra do objeto.

Alguém sugere que o importante é a qualidade do vínculo e da continência que o analista pode oferecer à paciente. É verdade, mas precisamos saber o que significa "qualidade do vínculo" e "continência". Ter continência não é ser bonzinho ou legal ou afetivo com o paciente. Ser continente é encontrar as palavras que ajudem o paciente a dar sentido à sua experiência ainda em estado bruto. Quando isso funciona de modo suficiente, quando o paciente se sente bem refletido pelas palavras do analista, constrói-se um vínculo de qualidade.

Quarto encontro

Fazemos uma breve recapitulação do encontro anterior. Retomamos a diferença entre o adulto psicótico e o perverso. O primeiro, por não ser capaz de discriminar o registro da necessidade daquele do erotismo, manipula o corpo da criança de maneira ambígua. Já o segundo discrimina, mas se aproveita da condição de dependência da criança para fazer um uso erótico de seu corpo-mente.

Nesse quarto encontro, nosso colega diz que tem novidades. Conta que a paciente foi ao psiquiatra e começou a tomar a medicação. Certa noite, ele recebe um telefonema desesperado da filha (aquela que paga a análise e mora em outra cidade) dizendo que sua mãe está morrendo. Os detalhes não ficam claros. A filha avisa que a ambulância está indo buscá-la. Quando Rita finalmente aparece no consultório, confessa que estava apenas fazendo uma cena. Queria ver a filha apavorada.

Agora já temos uma chave de leitura para essa historinha: Rita goza com o desespero da filha que está impossibilitada de "acudir a mãe que está morrendo". Vejam a repetição da cena do carneirinho indo para o "abate emocional"!

Em seguida, temos mais do mesmo: um pesadelo com o pai, que se aproxima dela sexualmente. Ela estava vestindo botas e um vestido curto, estavam no quarto do hotel. O sonho era tão real que ficou em dúvida: será que o pai veio de novo fazer aquilo? Ela conta que, quando cresceu, foi ao hotel para tentar descobrir se ela e o pai tinham mesmo se hospedado lá. Já aprendemos a não intervir nesse tipo de material cuja função é resistir à análise.

Nesse momento, alguém sugere que seria interessante se Rita ficasse irritada com o analista. O analista concorda e diz que por vezes isso acontece. Ele recebe também mensagens nessa linha:

> *Eu amo você, te dei o melhor de mim, quero que você se dane, você mexeu na ferida, me rejeitou como um cão sarnento, você é uma pedra de gelo, o pior cego é aquele que não quer ver, se não enxergar por amor, vai enxergar pela dor, você não é diferente dos outros homens.*

Mais uma vez, é tudo muito caricato, parece uma criança birrenta.

Na sequência, outro participante do ateliê retoma a aproximação entre a tensão no jogo e a tensão na transferência de uma nova maneira. Ele sugere que cada mensagem dessas é como uma ficha que ela coloca na máquina caça-níqueis. Pode demorar, mas em algum momento ela vai colocar a moeda certa e vai ganhar uma bolada. Da mesma forma, pode demorar, mas em algum momento, ela vai mandar a mensagem certa e vai "ganhar" o analista. Basta continuar jogando. Basta continuar em análise. Basta acreditar que é possível.

Essa leitura faz muito sentido porque oferece uma resposta à questão que nos intriga desde o começo: o que significam essas mensagens? Qual sua função?

Retomo aqui outra leitura, um tanto ousada, que me ocorreu enquanto escrevia o terceiro encontro. Essas mensagens seriam peças de "pornografia infantil" que Rita oferece a seu analista para que ele se masturbe pensando nela. Seria a encenação, a *performance*, a atualização transferencial da situação traumática infantil que precisa ser elaborada.

A leitura sugerida pelo colega também faz muito sentido. Cada mensagem funciona como mais uma moeda que ela insere na máquina caça-níqueis na esperança de que, finalmente, montes de moedas caiam no seu colo. E vice-versa: para o jogador compulsivo, cada moeda inserida é uma tentativa de fazer com que a máquina, confundida transferencialmente com a figura parental, finalmente lhe dê o que tanto deseja.

Desde o primeiro encontro tínhamos pensado que o jogo representa o objeto sedutor que promete realizar seu desejo de ficar rica sem trabalhar. O mesmo padrão aparecia na transferência. Ela tentava seduzir o analista para transformá-lo no pedófilo que, fingindo interpretar – a pretexto de estar no registro da necessidade –, criaria uma situação excitante para o gozo de ambos. O que o colega traz de novo é radicalizar essa ideia, propondo que a *própria análise é vivida pela paciente como um cassino.* Ela transferiu a excitação pela expectativa que o jogo produz para a situação analítica. Rita vai para cada sessão como se estivesse indo para o cassino!

~

Mais uma ideia ousada me vem agora, enquanto escrevo. O transtorno do jogo compulsivo está definido no DSM-5 como "ludopatia". Para além da questão dos neurotransmissores, que não é nosso enfoque, qual seria a dinâmica inconsciente que mantém esse sintoma, apesar de todos os estragos do vício na vida do paciente? Esse caso nos dá uma pista.

O jogo promete, e *por vezes cumpre*, realizar o desejo do jogador. De modo que, por suas *características reais*, ele está bem talhado para ser o suporte transferencial da figura parental que levou a criança a acreditar que seu desejo incestuoso poderia ser realizado. Bastaria não desistir nunca. É exatamente o que a criança-no-jogador faz. É o que a criança-em-Rita faz em sua análise.

Vemos, então, que o cassino manipula de forma perversa o desejo incestuoso infantil, e isso fica camuflado pelo fato de que algumas pessoas conseguem ficar ricas sem o suor do rosto. O cassino, enquanto figura perversa, "goza" quando vê a criança-no-jogador, seduzida e excitada, apostando tudo o que tem na realização do desejo.

Agora que escrevo, pensaria em intervenções que aproximassem análise e bingo:

- *"Estou vendo que você não desiste de mim, assim como não desiste do sonho de ficar rica jogando."*
- *"Você está achando que a análise é como o cassino, e que uma hora você vai ganhar?"*
- *"Eu não sou um cassino, não curto ver você apostando todas as suas fichas que vai conseguir me conquistar."*
- *"Os jogadores que entram no cassino são cordeirinhos excitados indo para o abate?".*
- *"O cassino finge que vai te dar o que você quer, para ficar com o teu dinheiro. Eu não vou te enganar."*
- *"Você vem para sua sessão com a mesma expectativa que vai para o cassino."*
- *"Aqui, ao contrário do cassino, você não vai ganhar. Não existe essa possibilidade."*

Gosto dessa última intervenção porque, entendendo que ele está sendo visto como máquina caça-níqueis, o analista fala a partir desse lugar, mas no sentido de *proteger a criança da desmesura de seu desejo*. Com essa interpretação, ele se coloca no lugar de um "cassino ético" que põe uma advertência na porta de entrada: "aqui você não tem chance alguma de ficar rico".

Finalizo o quarto encontro brincando com um possível título, para um possível texto sobre este atendimento: "A paixão em jogo e o jogo da paixão".

O que aprendi com este ateliê?

Começo pelo fim: nunca imaginei que alguém pudesse ir à sua sessão de análise como quem vai ao cassino, isto é, excitada com a expectativa, ou melhor, com a certeza de, mais cedo ou mais tarde, "tirar a sorte grande" e "levar" o analista. Contudo, é o caso de Rita, uma jogadora compulsiva. Para imaginar intervenções capazes de tomar em consideração tanto a dinâmica intrapsíquica, quanto a intersubjetiva, foi fundamental entender que, nesse campo transferencial, a análise é um cassino, o analista é uma cartela de bingo, e o incesto, o grande prêmio.

Aprendi com este ateliê que o jogo compulsivo é sintoma e se ancora em um funcionamento perverso. Ambos – jogo e funcionamento perverso – têm em comum um objeto (o adulto/o cassino) que seduz a criança (o jogador) com a promessa de que vai escapar às limitações a que todos os seres humanos estão submetidos. Essa promessa mantém a criança (o jogador) permanentemente excitada, vivendo em função de uma expectativa que não se cumpre (quase) nunca.

A análise de Rita confirma essa aproximação entre jogo e funcionamento perverso. Embora a paciente não tivesse um comportamento explicitamente pedófilo, pude reconhecer, pela escuta do material clínico, cenas que mostram uma dinâmica claramente pedofílica. Vários fragmentos mostram como ela atua sua identificação com um adulto perverso num vínculo assimétrico. Acobertado pelo álibi de cuidar da criança, o que esse adulto faz é excitar a criança até que ela se desorganize, para então gozar com seu desespero e impotência. A mesma dinâmica se estabeleceu no campo transferencial. Foi possível reconhecer os momentos em que o analista se sentia fortemente convocado a ser o adulto perverso, e outros em que ele estava identificado à criança-nela.

Ateliê 2
Uma paciente bem resolvida?[1]

Escolhi este ateliê porque nos ensinou a mudar o foco da nossa escuta. Como costumo fazer, começamos prestando atenção no conteúdo das historinhas, mas no terceiro encontro se impôs a escuta da função transferencial do relato das historinhas.

Descobrimos que a paciente fazia uma espécie de *performance* para seu objeto interno-externo, isto é, para a analista. Maria agia – colocava em ato – certa identificação inconsciente por meio do relato das historinhas. Ao falar de seu cotidiano, ela tentava mostrar que é uma pessoa madura e bem resolvida. Era aí que estava a repetição, e não no seu conteúdo.

Maria performava tão bem que a analista ficava perplexa: "então o que ela vem fazer aqui?". Exceto por uma crise no namoro, ela parecia não sofrer com nada. Descobrimos, então, que seu sofrimento psíquico tinha a ver, justamente, com *ser obrigada* a ser forte e bem resolvida o tempo todo.

1 Agradeço a Isabel Lobato Botter pelas anotações que serviram de base para este capítulo.

Primeiro encontro

Maria, trinta anos, médica, fez o primeiro contato via *WhatsApp*. Pelas mensagens, a colega tinha imaginado uma mulher mais "adulta", e se surpreende com o aspecto adolescente. Sempre sorridente, "alegrinha", conta que já fez terapia em outra cidade, mas que achava que agora precisava retomar. Diante da pontuação da analista – "precisava?" –, Maria se corrige e diz que precisa.

A questão, segundo ela, é um relacionamento, um namoro de cinco anos. Ela tem um bom emprego num hospital em uma cidade, e ele trabalha em uma grande empresa de marketing em outra cidade. Costumam se ver duas vezes por mês. De comum acordo, era uma relação aberta. Entretanto, quando ela, pela primeira vez, começa uma relação com uma terceira pessoa, o namorado surta, o que desencadeia uma crise. Maria não quer renunciar à relação aberta; acha que cabe a ele lidar com suas questões. Para ela estava tudo muito claro: "uma coisa é uma coisa, outra coisa é outra coisa", referindo-se ao namoro deles, que era diferente do caso que estava tendo.

É comum pacientes trazerem "questões de relacionamento". Diante disso, tento entender "quem" são os protagonistas das cenas que se repetem. Sim, eu sei que são namorados, mas qual é a dinâmica entre eles? É uma maneira de tentar descolar minha escuta do conteúdo manifesto. Pergunto, então, à nossa colega, se o novo relacionamento de Maria é importante do ponto de vista afetivo ou se é apenas uma brincadeira gostosa. Ela diz que, como Maria vivia numa cidade em que não conhecia quase ninguém, esse homem é uma companhia. Em seguida, volta ao que lhe parece o mais relevante no material clínico: as brigas de Maria com o namorado por conta do caso que ela está tendo.

M – COMO SÃO ESSAS BRIGAS?

A colega exemplifica com uma fala de Maria:

> *Ele me acusa de ser egoísta, de não pensar nos sentimentos dele. Mas é ele que não pensa em mim, sozinha em outra cidade. E se eu surtasse, ele abriria mão de outra mulher? Além disso, a gente tinha um acordo...*

Como vamos interpretar essa fala? É possível reconhecer qual é a dinâmica entre eles, e "quem" esse namorado representa? Já vimos que é alguém que, segundo ela, tem que "lidar com suas questões". E quais seriam essas "questões"?

- *É alguém que tem medo de perder Maria para outro homem? Estamos falando de um objeto que não tolera a triangulação?*
- *É alguém que exige que ela renuncie ao seu desejo por amor ao objeto? Nesse caso, ela se vê convocada a cuidar de uma criança que precisa de provas de amor?*
- *Ou ele representa um objeto extremamente dependente que não pode viver sem ela?*
- *Ele representa uma Entidade esmagadora que tenta privá-la do direito de ser e de existir? Nesse caso, é um objeto cujo narcisismo não tolera que ela tenha vida própria?*
- *Ou invertendo: é a criança-nela que tem medo de perdê-lo? Nesse caso, "quem" ou "o quê" ela estaria perdendo?*

Todas essas possibilidades, e muitas outras, podem se traduzir em brigas. Estas vão constituir o grosso do material clínico. O desafio é não ficarmos colados nesses relatos. Fazemos um esforço para abandonar uma escuta em "duas dimensões" (colada no conteúdo manifesto) para aceder a uma escuta em "três dimensões" – uma "escuta em 3D". Quando isso é possível, passamos a "enxergar", no relato da briga, relações de objeto completamente diferentes. É assim que começamos a construir o caso no ateliê.

Atenção para o spoiler: nesse momento do ateliê, não me ocorreu que ela poderia estar identificada ao objeto que não tolera fraquezas. A briga seria, então, porque o namorado estava sendo fraco ao surtar, em vez de lidar com suas questões. Complementarmente, ele representa a criança-nela que tem que lidar com suas questões sozinha, sem fazer drama.

Por enquanto, vamos trabalhar com o que nossa colega nos trouxe: Maria está lutando para fazer valer seus "direitos", perante um namorado que quer subjugá-la.

Uma participante do ateliê pergunta de quem foi a ideia do relacionamento aberto. Suponho que a resposta ajudaria a reconhecer "quem tenta submeter quem" ao contrato. A analista esclarece que nenhum deles acredita em casamento convencional. No entanto, como a pandemia começou pouco depois do início do namoro, a relação foi obrigatoriamente monogâmica por dois anos. Quando puderam voltar às suas vidas, cada um em uma cidade, as coisas começaram a complicar.

~

O que mais aprecio no ateliê é sua dinâmica. Conforme a analista vai trazendo material novo, de preferência por associação livre, o pensamento clínico vai ganhando consistência ou sofre reviravoltas. Nesse caso, o que a colega contou nos pegou de surpresa. Tínhamos a imagem de uma Maria forte, que propôs uma relação aberta e que, ao contrário do namorado, saberia lidar com isso. Só que não. Maria *também* surtou quando ficou sabendo que o namorado estava tendo outro relacionamento.

M – COMO É O "SURTO" DELA?

A analista exemplifica com uma fala da paciente.

> *Não me entendo mais. Não estou me reconhecendo. Nunca imaginei sentir o que estou sentindo. Não estou conseguindo me controlar.*

Interessante! A que será que ela se refere quando diz que "não imaginava sentir o que está sentindo"? Será que fez contato com algo que vinha negando em si mesma? Será que está surpresa com a irrupção da criança-nela?

A colega acha que, pela primeira vez na vida, Maria está se sentindo desamparada. Entende que ela se desorganiza quando descobre que não controla a vida sexual do namorado. Contudo, fica confusa porque, embora a paciente esteja falando de seu sofrimento, ela o descreve com humor.

De fato, esse elemento é fundamental e em breve voltaremos a ele. Nesse momento, contudo, o que chama minha atenção é ela "não se reconhecer" nessa reação: Maria não é quem pensava ser. Ao ouvir isso, a colega acrescenta um fragmento esclarecedor: Maria disse, textualmente, "eu não quero ser essa pessoa".

M – ISSO MUDA TUDO! QUE PESSOA ELA NÃO QUER SER?

Nossa colega responde que Maria *abomina essa fragilidade*. Para ela, é um atestado de incompetência. Ela se via como uma pessoa forte e resolvida, e odiou descobrir que tem fraquezas. Está se vendo como uma pessoa (como uma "mulherzinha"?) desprezível.

Vejam. O foco, aqui, não é tanto o que desencadeou o "surto", e sim sua incredulidade diante dessa "nova" Maria que não deu conta da situação. E ela recusa com todas as forças essa sua versão "fraca". Isso nos remete, aliás, ao namorado. É a mesma exigência: ele que resolva suas questões! Ou seja, ela abomina e despreza fraquezas não só no outro, mas também em si.

Nesse primeiro momento, entendo que ela "abomina fraqueza" como se fosse uma falha, uma limitação que não deveria existir. *Spoiler*: essa leitura vai mudar no terceiro encontro. Ela não pode se dar ao luxo de ter qualquer vulnerabilidade; tem que ser forte para resolver o que precisa ser resolvido.

M – INTERESSANTE! COMO SERÁ QUE ELA CONSTRUIU ESSA MANEIRA DE INTERPRETAR AS LIMITAÇÕES DELA E DO OUTRO?

Ainda não sabemos. Quando ela diz que "não quer ser essa pessoa", poderíamos perguntar "por que será que você abomina ter fraquezas?". Essa intervenção indicaria, no mínimo, que abominar fraquezas não é tão "natural" como ela pensa. Será que ela diria que tem de ser forte para enfrentar a vida? Ou que pessoas fracas são desprezíveis?

Seja como for, diante do que estamos escutando, temos de nos perguntar *com que objeto interno ela está dialogando*. Considerando o que nos contou sobre como ela encara o surto do namorado ("ele que se vire com as questões dele"), tenho a impressão de que está em diálogo interno com um objeto que diz a ela "se vira aí com suas fraquezas". Se for isso, dá para entender que ela tenha de aguentar tudo pois, caso desmorone, não vai ter com quem contar.

Esse "se vira aí com tuas fraquezas" poderia provir de um objeto:

- *Pouco disponível emocionalmente, ou porque a criança é pouco investida, ou porque ele está atolado em suas próprias angústias.*
- *Pouco empático para atender suas necessidades.*
- *Que tem sérias limitações para exercer a função de continência das angústias da criança.*
- *Outros.*

Ainda não sabemos. Por enquanto, acho que faz sentido pensar que ela se constituiu em um vínculo com um objeto que diz "não tolero fraquezas, se vira aí". Essa ideia não vem da minha bola de cristal. Quando exige do namorado que seja forte e "se vire com suas questões", mostra estar identificada a esse objeto. Aliás, isso talvez explique por que descreveu seu próprio surto *de um jeito engraçado*. Identificada ao objeto que não tolera fraquezas, ridiculariza a própria. Aqui imagino uma intervenção do tipo "essa risadinha é para tentar disfarçar o tanto que está doendo?". Ou ainda: "Quem não pode perceber que você está sofrendo?".

Vejam como as identificações são intercambiáveis. Ora ela é o objeto que diz ao namorado (que representa a criança-nela) "se vira aí"; ora ela está em diálogo interno com um objeto – uma figura parental internalizada – que lhe diz "se vira aí".

Ao ouvir isso, a analista diz que vê Maria como "onipotente" e associa com algo que ela contou recentemente. Engravidou com catorze anos e fez um aborto. Tomou a decisão sozinha. Sua família não ficou sabendo. Teve ajuda do rapaz, que também era adolescente, e do pai dele.

Spoiler: parece onipotência, mas veremos que o melhor termo para descrever Maria é "bem resolvida". Ela foi lá e resolveu a situação sem drama.

Ora, se sua família nem ficou sabendo, podemos imaginar que ela de fato não tem/não tinha com quem contar. Ou o objeto vai cair matando em cima dela, ou vai dizer "se vira aí". Com um interlocutor interno-externo desses, melhor (tentar) se virar sozinha.

A colega acha que Maria tem traços persecutórios, pois sempre imagina que "vão cair matando". Vejam, há uma diferença entre um objeto que "cai matando", e outro que diz "se vira aí". O primeiro ataca, o segundo se omite. O primeiro compromete a construção de um bom narcisismo primário; o segundo, ao se retirar, obriga a criança a desenvolver competências precocemente.

Até a ocorrência de seu "surto", Maria de fato dava conta de muita coisa na sua vida, então é mais difícil imaginar que ela tenha se constituído em um vínculo com um objeto que "cai matando". Ouvindo isso, nossa colega acha que, de fato, o aspecto mais importante de seu objeto é a omissão. Maria fala de pais muito ocupados e que sempre se virou sozinha. Na carreira também, ela sempre foi muito independente.

~

Agora que escrevo, fico com a impressão de que a criança que ela foi teve de amadurecer na marra, na linha do que diz Ferenczi sobre o *bebê sábio* (1923/2011). O psicanalista identificou na sua clínica pacientes que, diante de figuras parentais inconsistentes, precisaram cuidar de quem cuidava deles. Nesse contexto inicial traumático, a criança se defende amadurecendo precocemente, mas trata-se de uma pseudomaturidade (Mello, Carneiro & Magalhães, 2019). É fácil confundir essa modalidade de falso *self* com onipotência, defesa ligada a um funcionamento psicótico.

Maria não propôs a relação aberta por onipotência, mas por pseudomaturidade. Ela, que se imaginava tão bem resolvida, não se reconhece quando não dá conta de enfrentar uma situação que exige muito do ponto de vista emocional. Seu narcisismo não é suficientemente robusto e ela se desorganiza.

Maria acha que não daria conta de ser mãe. As amigas que têm filhos despertam nela emoções difíceis.

M – QUE EMOÇÕES DIFÍCEIS?

Maria é madrinha do primeiro filho (que tem paralisia cerebral) de uma amiga muito próxima. Quando esta revela que terá uma segunda criança, não se contém e exclama, horrorizada: "outro filho?? Cê tá louca???". A amiga ficou chateada. Era para ser uma boa notícia. Maria se culpa por não ter conseguido dar "parabéns" para a amiga. Contudo, o que ela enxerga, a partir de seu mundo interno, é que, sozinha, a amiga não vai dar conta de si e de duas crianças.

Maria faz contato com o próprio desamparo por meio de interposta pessoa: a amiga. Ela é um avatar da criança-em-Maria. Vejam, o objeto que se omite aparece aqui como "falta de rede de apoio". Nesse caso, poderíamos dizer, por exemplo: "Claro que não conseguiu dar parabéns! Ficou horrorizada só de imaginar ter de criar dois filhos *sozinha*".

Maria continua falando das "emoções difíceis" ligadas à maternidade. Associa com uma série de TV e comenta que se identificou com uma mãe que faz verdadeiras "loucuras" por seu filho. Diz que seria esse tipo de mãe, superprotetora num nível patológico. Associo com um filme no qual a mãe mata o professor que deu uma nota baixa ao filho.

Opss! Em lugar do objeto omisso, agora temos um hiperprotetor que chega a fazer "loucuras"! Penso que são duas faces da mesma moeda. Talvez a omissão seja a defesa que protege o objeto de se identificar demais com a dor da criança. Talvez a mãe que comete loucuras tenha sido abduzida e se dissolvido na maternidade. A omissão seria uma maneira de não ser engolfada.

Segundo encontro

Como sempre, começo recapitulando o encontro anterior. Vimos o material do namorado que surtou apesar de ter concordado em abrir a relação, mas nosso foco foi a reação de Maria: "ele que se vire com suas questões". Quando a mesma coisa acontece com ela, sua reação é: "abomino fraqueza, não quero ser essa pessoa". Sua autoimagem desmorona: ela não é a pessoa forte que imaginava.

Em seguida, tentamos entender por que ela abomina fraqueza. Com que tipo de objeto interno ela estaria dialogando? Possivelmente com um que diria "se vira aí", com o qual ela está identificada. Diante da segunda gravidez da amiga, fica horrorizada: como alguém se coloca em uma situação dessas? Para quem, como ela, pretende passar pela vida sem depender de ninguém, é uma loucura! Surge também uma personagem que enlouquece com a maternidade e se torna hiperprotetora – ela acha que seria esse tipo de mãe.

Nossa colega começa o segundo encontro com material da sessão daquela semana. Comenta que, como sempre faz, Maria enche sua garrafinha de água antes de entrar na sala de análise.

> *Aconteceu tanta coisa desde a última sessão! A secretária do departamento de enfermagem morreu quando eu estava viajando. Todos os documentos estão no computador dela. Ninguém sabia por onde começar. Assim que voltei, assumi a bucha. Estou sobrecarregada, mas consegui descobrir a senha do computador!*
> *Tinha também um arquivo físico trancado. Eu me propus a arrombar o arquivo, mas meus colegas ficaram com medo de um processo contra o hospital e preferiram chamar um chaveiro.*

Nossa colega comenta que Maria é essa pessoa que *vai lá e resolve*. A abertura da sessão confirma isso: ela sempre enche sua garrafinha de água antes de entrar. Maria se organizou psiquicamente para se virar sozinha e não depender de ninguém.

Uma observação sobre o comentário da colega. Ela nos apresenta o fragmento oficial, e depois transmite sua impressão "em *off*", como se não fosse material clínico. Suponho que essa postura se deva ao que se entende por isso. Tão importante quanto o que o paciente diz (ou omite) é *como* ele diz. Captamos com nosso corpo estados emocionais que não são traduzidos em palavras e que, certamente, têm um sentido. No caso, imagino que o *tom* com que Maria contou que "foi lá e resolveu" tenha sido de orgulho/satisfação.

Notem que ela poderia ter contado a mesma coisa queixando-se de que sempre sobra para ela. Ou com desprezo por aqueles que não sabem se virar; mas não: ela se orgulha de saber se virar sozinha, de modo que temos de nos perguntar o que esse *jeito/tom* significam. A meu ver, o tom veicula uma mensagem: "veja como eu não sou uma bobona que não sabe se virar na vida". Claro que a próxima pergunta é "por que ela precisa mostrar à sua analista que não é uma bobona?". Ainda temos tempo.

Uma participante pergunta se o material da secretária que morre e deixa todos na mão não poderia ser lido como medo de perder a analista de uma hora para outra. Entendo que essa colega esteja querendo fazer uma interpretação transferencial. O problema é que transferência não é bem isso. Não se trata de fazer uma equivalência entre depender da secretária e depender da analista. Se quisermos fazer uma interpretação transferencial, seria algo como "percebo como é importante para você me contar que resolveu tudo sozinha".

De qualquer forma, falar em "medo de perder a analista" para alguém que está mostrando que "vai lá e resolve" pode não fazer muito sentido. Ouvindo isso, nossa colega traz uma associação importante.

Embora Maria se queixe de estar sobrecarregada, ela não aceita interpretações que façam alusão a alguma vulnerabilidade. Isso deixa a analista confusa. Talvez ela não esteja propriamente se queixando, mas "exibindo" as muitas coisas de que dá conta em seu dia a dia. E, nesse caso, falar de vulnerabilidade não faz sentido.

Por falar nisso, a colega traz mais um fragmento interessante:

> *(rindo de si mesma) Eu tinha que dar um jeito de descobrir a senha para entrar nos arquivos da secretária. Não acredito em vida depois da morte, mas mesmo assim rezei para a alma dela e pedi permissão para entrar no arquivo.*

A colega interpretou esse fragmento como uma alusão à análise: sente que não tem a senha para "entrar" e acessar Maria internamente. O pressuposto, aqui, é que esse material tem valor simbólico, como se fosse um sonho. Mas Maria conta isso rindo de si mesma. Também riu de si quando disse que "não estava se entendendo e não se reconhecia" (quando o namorado ficou com outra). A repetição desse padrão me leva a perguntar: afinal, o que esse riso quer dizer?

A meu ver, ela ri porque sabe que uma adulta "madura" não rezaria para a secretária morta. Contudo, como qualquer criança pequena, Maria está com medo de que seu fantasma venha puxar sua perna. Tenho a impressão de que ri porque fez contato com a criança-nela. Em outro nível, ri para se aliar à analista. É como se lhe sinalizasse: "eu também acho ridículo ter medo de uma morta". Nesse sentido, reencontramos o objeto que abomina fraquezas, com o qual ela se identifica, e agora transferido para a analista.

A colega diz que um material menos onipotente está batendo na porta. Por mais que tenha tentado evitar, lutos e perdas estão se impondo. Além da perda abrupta da secretária, Maria conta uma longa história sobre uma amiga de infância:

> *Fomos almoçar. Ela, que sempre disse que não queria engravidar, confessou que tinha feito inseminação artificial, mas perdeu o bebê com três meses de gestação. Estava arrasada. Nunca a vi desse jeito. Tomara que tenha outra chance!*

A colega tem razão. Essa historinha contrasta com o que vimos até aqui. A amiga que não conseguia engravidar posava de bem resolvida ("não quero filhos") mas, para sua surpresa, não estava tão bem resolvida assim. Tanto que desmorona quando perde o bebê. "Nunca a vi desse jeito".

Maria faz contato com sua vulnerabilidade via interposta pessoa. Ela se identifica, não tanto com as questões em torno da maternidade, mas quanto à revelação de que é possível parecer bem resolvida e desmoronar.

Para a escuta analítica, a historinha é o suporte transferencial de material intrapsíquico inconsciente, e pode ser escutada como se fosse um sonho. "Sonhei que minha amiga tinha feito inseminação artificial...". Como as imagens do sonho, esses elementos demandam interpretação para poderem ser simbolizados e integrados. Com base nisso, vários caminhos se abrem. Por exemplo:

- *"Como você, ela não estava tão bem resolvida como imaginava".*

Essa formulação enfatiza a transferência de material intrapsíquico sobre as representações, e pode ajudar a paciente a fazer contato consigo mesma a partir do que está dizendo sobre a amiga.

- *"Você faz questão que eu te veja como alguém que vai lá e resolve. Por que será que isso é tão importante para você?".*

Essa formulação enfatiza a dimensão intersubjetiva da transferência (o analista se inclui). É um caminho para a desconstrução da analista como alguém que "não tolera fraquezas". Idealmente, um novo tipo de conversa, mais em contato com sua verdade emocional, poderá emergir daí.

Uma participante quer saber se a experiência do aborto (da própria Maria, aos catorze anos) não estaria sendo reativada pelo material da morte da secretária e do arrombamento do arquivo. A pergunta é interessante porque me permite abordar o lugar dos valores do analista em uma análise. É preciso cuidado para que eles não contaminem sua escuta.

Pergunto à analista de Maria o que ela pensa. Ela tende a concordar. Acha que, embora ela tenha feito o aborto há muito tempo, ficou sem elaboração. Tanto que só falou sobre isso na análise há pouco tempo, e de um jeito bem "prático": descobriu que estava grávida, não ia ter o bebê, foi lá e fez o aborto.

Se estamos em dúvida, podemos fazer uma intervenção de prova. Por exemplo: "essas mortes que vêm aparecendo, será que tudo isso tem a ver com o que me contou do seu aborto?". O que será que Maria faria com isso? A analista acha que ela diria "não sei".

Vejam, uma resposta como "não sei" – ou, o que é bem comum, "Só se for inconsciente" – sugere que a intervenção não foi produtiva. Mesmo que dissesse, "Sim, acho que sim", o assunto morreria por aí. Nós não queremos que o paciente concorde; queremos mobilizar o processo associativo. E, nessa altura, já sabemos que o importante, nessa historinha, é que Maria quer mostrar à sua analista como, mesmo sendo tão jovem, foi "madura" e independente: foi lá e fez o aborto *sem dramas*.

Uma participante do ateliê comenta, brincando, que às vezes fazemos intervenções bacanas que servem principalmente para nos sentirmos "bons analistas". É isso mesmo. Afinal, somos humanos. Contudo, se queremos que uma carta chegue ao destinatário, não adianta enfeitar o envelope e mandar para um endereço aleatório, ou de outra pessoa.

Idealmente, para bem endereçar uma interpretação, precisamos ter alguma ideia de "quem" é aquele paciente. O "endereço" de um paciente tem a ver com o "seu" traumático. Como ele sempre se repete em busca de elaboração, acabamos reconhecendo pelo menos o "bairro". Já é alguma coisa. No caso de Maria, o material que se repete é "veja como dou conta sozinha e sem dramas!". Tanto pode ser um aborto, como acessar os documentos no computador da secretária. Uma intervenção que vai para esse endereço seria: "estou vendo que seu lema de vida é 'vai lá e resolve'. E quando não dá?".

~

M – VAMOS RECAPITULAR OS CAMINHOS DA ESCUTA ANALÍTICA E DO PENSAMENTO CLÍNICO?

A partir do material do surto do namorado, começamos com a hipótese do diálogo com um objeto interno que diz "se vira aí". Com o surto da própria Maria, descobrimos que ela "abomina fraqueza, não quer ser esta pessoa (que desmorona)". Em seguida, graças ao *jeito* com que ela conta as historinhas, reconhecemos a transferência: é para a analista que ela faz questão de mostrar que é madura e resolve o que tem de ser resolvido, sem drama. Com a cena em que reza para a alma da secretária, pudemos ver que se trata de uma pseudomaturidade. A própria Maria se dá conta disso quando reage mal à relação aberta. Da mesma forma, a amiga que parecia bem resolvida desmoronou quando perdeu o bebê.

A colega comenta que Maria acha "bizarras" as pessoas que se colocam em situações complicadas na vida. Por exemplo, não entende quem se submete a tratamentos para engravidar.

M – O QUE ELA ACHA BIZARRO? FAZER O TRATAMENTO OU TER UM FILHO?

Ela poderia achar bizarro alguém fazer tratamentos estéticos difíceis ou custosos. Ou ela só acha isso em relação à maternidade? Ela não entende que uma mulher *queira tanto* ter filhos, a ponto de se submeter a tratamentos caros e sofridos? Ou será que ela estranha alguém *querer tanto* alguma coisa, tanto faz se filhos, ou seios novos.

O importante é que cada resposta indicaria uma Maria diferente. Ela é alguém que tem sérias questões com a maternidade? Ou é alguém que tem questões em relação a desejar muito alguma coisa? Ou é uma pessoa que simplesmente não quer vínculos afetivos porque podem ser fontes de sofrimento? Compreensões diferentes produzem intervenções diferentes.

Na linha de "questões com a maternidade", pergunto se temos algum elemento sobre a relação com a mãe. Talvez Maria tenha sentido que foi um estorvo em sua vida. Vejam como somos surpreendidos pelo material clínico quando o caso não está preparado de antemão: a colega responde que, ao contrário, foi uma criança independente que "não deu trabalho".

Dando risada, Maria lhe conta a seguinte historinha:

> *Fui uma criança tão independente que, quando completei oito anos, organizei minha própria festa de aniversário. Minha mãe estava trabalhando. Então fui até a padaria e*

comprei um bolo e uns brigadeiros, e chamei umas vizinhas e amigas da escola para brincar.

Consigo até escutar o diálogo com seu objeto interno: "Maria, por favor, nada de drama! Vai lá e prepara teu aniversário!". Que orgulho dessa criança sábia, inteligente, madura e bem resolvida! Agora, enquanto escrevo, não resisto a citar esse trecho que parece ter sido escrito para ela!

> "Na maioria dos casos, [essas crianças] mostram-se adoráveis e solícitas, além de muito bem-comportadas, tanto no sentido de portar-se quanto de conter-se. A despeito do brilhantismo, nota-se, contudo, insegurança e temor diante da menor adversidade, conflito ou fracasso." (Mello, Carneiro & Magalhães, 2019)

Pergunto à colega o que ela acha que Maria faria com uma intervenção do tipo "Você não ficou chateada por sua mãe não ter organizado a festa?". A colega acha que a resposta seria "era assim mesmo, ela trabalhava muito".

Imagino, então, uma intervenção mais disruptiva. "Você me lembra um bebê que, quando está com fome, sai do berço, vai para a cozinha, prepara sua mamadeira, volta para o berço e toma tudo." O que Maria faria com isso? A colega acha que ela daria risada e iria, sim, se identificar com esse bebê. Acha que o humor lhe permitiria entrar em contato com o sofrimento.

Não tenho certeza de que seja apenas o humor. Nessa intervenção, em vez de falar *dela* – "você não ficou chateada com sua mãe?" –, introduzimos um bebê hipotético como avatar de Maria. Talvez a distância entre ela e o avatar facilite a identificação.

O importante é que, se Maria der risada com a imagem do bebê que prepara a própria mamadeira, podemos sempre dizer: "é engraçado, mas é trágico, né? Esse bebê teve que aprender a se virar sozinho na vida". Ela certamente saberia de quem estamos falando.

Vejam que interessante: Maria é essa pessoa tão autônoma, tão independente, que aceita um emprego em uma cidade onde não conhece ninguém! Continua preparando sua própria festa de aniversário! Claro que essa autossuficiência a ajuda muito na vida, mas nós sabemos que foi conquistada graças à clivagem dos afetos ligados à *vulnerabilidade*. Por isso, como já mencionei, tem uma dimensão de falso *self* (Winnicott, 1960/1990b), cuja característica principal é a pseudomaturidade (Ferenczi, 1923/2011). Basta lembrar de como reagiu quando o namorado praticou a "relação aberta".

Já no fim do segundo encontro, proponho que a colega traga uma sessão. Como já entendemos mais ou menos "quem" é Maria, vamos refletir sobre como intervir.

Terceiro encontro

Conforme o combinado, nossa colega traz uma sessão da semana. Maria começa falando do calor e do tempo seco. Fala do trabalho, comenta que voltou à rotina e que está se sentindo mais descansada. Foi a um show do Ney Matogrosso, do qual gostou muito. Antes podiam entrar levando bebida alcoólica, mas agora foi proibido. Descreve detalhadamente como ela e a amiga fizeram para despistar os seguranças e entrar com suas bebidas. Colocaram a bebida alcoólica em copos fechados e levaram todos os ingredientes no carro para prepararem os *drinks*. Maria declara *ostensivamente*: "me senti uma transgressora da lei". Alguns amigos dela que também foram ao show não deram a mesma sorte e foram barrados tentando entrar com bebidas alcóolicas. Fala das bandas que se apresentaram antes do Ney e diz que encontrou o carinha da tatuagem.

A colega explica que o "carinha da tatuagem" é um rapaz que Maria conheceu algumas semanas antes na casa de uma amiga. O papo estava bom, mas no meio da conversa ele soltou que tinha dezoito anos. Ela, que tem trinta, brochou, pois não gosta de se envolver com pessoas tão novas. Quando contou isso para a amiga, esta retrucou: "mas para o que você quer, está bom, né?"

Analista: "e o que você quer?"

Maria responde, *debochada*: "apagar o fogo, claro!"

Maria segue contando do show. Achou que ia encontrar Valter (o pivô da primeira crise do casal, quando o namorado surtou), mas ele não estava lá.

A colega esclarece que eles tinham se visto há algum tempo na casa de uma conhecida em comum. Tinham discutido por causa dos respectivos namorado e namorada. Depois disso, Valter bloqueou Maria das redes sociais. Inicialmente, ficou brava. Depois achou até melhor, pois se continuassem se falando poderia "dar merda". O que ela quis dizer é que ela poderia voltar a se envolver, seu namorado poderia descobrir e dar rolo, como já tinha acontecido.

A analista sugere, então, que ela parece estar interessada em cuidar da relação com o namorado, quem sabe para morarem juntos.

Maria responde *enfaticamente* que "não existe essa possibilidade". E que sente falta de encontrar outros homens só para sexo mesmo.

A colega esclarece que o namorado não está conseguindo emprego na cidade dela, e está fora de questão ela largar o hospital para ir atrás dele.

Em seguida, Maria diz que encontrou X. Faz questão de dizer que X só serve para transar. "Quando abre a boca, é raso, raso". Depois do show foi à casa dele, mas, apesar de ele ser limpo e cheiroso, "não tem nada a ver". Foi somente para transar, pois estava "com fogo no rabo".

A analista intervém dizendo que usou o X de consolo, já que Valter não estava lá.

Maria responde que consolo mesmo é o vibrador, muito melhor do que muitos homens. É tudo fisiológico: em certo período do mês, sente um "fogo que precisa apagar".

Em *off*, a colega diz para o grupo que todo o material é assim. Maria fala de seus relacionamentos de um modo superficial e vazio. Ela não sabe como intervir.

~

Ótimo, então temos um desafio!

Pode ser que seja uma fala superficial e vazia. Se for isso, estamos diante de um tipo específico de transferência, o que conduz nosso pensamento clínico em certa direção. No entanto, pode ser que estejamos muito presos ao conteúdo manifesto e ainda não tenhamos encontrado o foco para escutar esse relato.

Como esse relato afeta a analista? Como ela se sente convocada na contratransferência? A colega responde que Maria conta como quem diz "essa é a minha vida", mas vejam. Só nesse começo de sessão, Maria conta *ostensivamente* que transgrediu a lei; *debochada*, diz que só quer apagar o fogo; *enfaticamente*, afirma que em hipótese alguma vai abrir mão de seu emprego para morar com o namorado. Além do conteúdo do relato, seu *tom* também quer dizer alguma coisa – os afetos também são portadores sentido. Qual?

Pergunto à analista o que teria vontade de dizer. Ela gostaria de dizer que Maria parece muito assustada com o vazio que sente, e que busca sexo casual para preenchê-lo. Porém, não diz nada, pois sabe que ela não vai concordar. Para Maria, isso é a vida, a vida é isso. "Não vai concordar" significa que ela sabe que a intervenção estaria indo para o endereço errado. É uma informação importante.

Continuo "cutucando" nossa colega tentando acessar a contratransferência. Pergunto, então, qual é a diferença entre Valter (pivô da crise) e os outros homens que só servem para sexo. Ela acha que Maria realmente se envolveu com ele, embora jure de pés juntos que não. Gostava de acordar com ele nos fins de semana, gostava do café da manhã que ele lhe preparava. No entanto, faz questão de afirmar que Valter era apenas uma companhia para os fins de semana e que valoriza a estabilidade do namoro.

Escutando tudo isso, o que me toca não são as histórias sobre os homens, mas sim a diferença entre o que a analista percebe (Maria realmente se envolveu com Valter) e o que Maria afirma (era só para ter companhia). Isso já havia acontecido em uma situação anterior, quando a analista sugeriu que Maria queria cuidar da relação com o namorado e eventualmente morar com ele. A paciente nega e afirma enfaticamente que quer preservar sua liberdade para fazer sexo casual. Esse descompasso se repete. Pelo que vinha escutando, nossa colega acha que Maria queria uma relação de exclusividade com Valter, mas jamais admitiria. Até porque não seria possível, já que ele tinha uma (relação aberta com a) namorada.

M – ESTAMOS RECONHECENDO UM PADRÃO. MARIA RECHAÇA TODAS AS INTERVENÇÕES QUE ALUDEM A UM POSSÍVEL SENTIMENTO AMOROSO, UM POSSÍVEL DESEJO DE VÍNCULO. O QUE SIGNIFICA ISSO?

Não cabe a nós decidirmos se alguém deve ou não querer vínculos afetivos estáveis. Mais uma vez, não são nossos valores que contam. Se alguém afirma não desejar esse tipo de vínculo, tentaremos entrar no "planeta" que essa pessoa habita para enxergar a situação com os olhos dela. Deve ter bons motivos para recusá-los enfaticamente.

Contudo, as intervenções da analista na linha de valorizar vínculos estáveis foram muito úteis, porque nos deram a oportunidade de perceber que Maria "faz questão" de dizer que não os quer. É a repetição desse "fazer questão" que me interessa. Por que ela faz tanta questão de recusar esse tipo de intervenção?

Nesse momento, a analista consegue formular melhor o que percebe ao escutar sua paciente: ela se apaixonou por Valter, mas não pode assumir porque seria sinal de fraqueza. Ela estaria querendo um homem que não a quer.

M – AH, AGORA SIM! REENCONTRAMOS "NOSSA" MARIA, AQUELA QUE "ABOMINA FRAQUEZA"!

O termo que, a meu ver, descreve melhor o que ela abomina, é "vulnerabilidade". Como se vê, o relato da sessão não é vazio e superficial. Faltava encontrar o foco da escuta. Precisávamos entender por que Maria faz questão de deixar claro que ela não é do tipo que se apaixona. E precisávamos entender por que ela é obrigada a rechaçar certo tipo de intervenção.

Sintetizando: descobrimos que Maria recusa qualquer posição subjetiva que implique algum tipo de *vulnerabilidade*, como: ter filhos, se apaixonar, ir morar com o namorado. Do ponto de vista dela, é uma loucura colocar-se em qualquer situação na qual corre o risco de não dar conta de tudo sozinha. Naturalmente, essa também é a expectativa do seu "interlocutor interno".

Se o interlocutor de Maria não fosse um analista, ao ouvir como entrou no show com a bebida e como faz sexo para apagar o fogo, a resposta esperada seria "muito bem, você tem atitude, nada de drama, é assim que eu gosto!". Aliás, foi exatamente a resposta da amiga, quando ela disse que não ia transar com um rapaz vinte anos mais moço ("para o que você quer, está bom, né?!").

Um analista faz o oposto disso. Evita repetir o *script* que perpetuaria o sintoma. Em vez disso, vai dizer/fazer alguma coisa para desestabilizar o campo sustentado por duas identificações complementares: de um lado, uma criança madura que não faz drama e que prepara sua própria festa de aniversário; do outro, um adulto que não tolera drama, acha bobagem querer uma festa ou se apaixonar e diz "se vira aí".

Nesse momento, a colega traz uma analogia interessante com o que estamos chamando de transferência sobre o objeto, ou dimensão intersubjetiva da transferência. No jogo de RPG (*Role Playing Game*, que significa algo como "brincando de ser personagens"), os personagens – avatares dos jogadores – têm certa liberdade de ação, mas precisam cumprir um *script* básico. O mesmo vale para a análise: enquanto não sabemos qual avatar nos foi atribuído, a tendência é repetirmos o *script* básico. Sendo os papéis complementares, o paciente continuará repetindo o dele.

O *script* do bebê sábio, maduro e que não faz drama foi a defesa que permitiu a Maria sobreviver no vínculo em que precisou se constituir. Essa defesa foi necessária e continua sendo. Não vamos tirar a boia de quem ainda não sabe nadar. Sabemos que, quando aprender a nadar, a boia se tornará desnecessária. Para produzir alguma mudança e tornar o sintoma desnecessário, ao analista cabe dizer coisas que indiquem ao paciente que as condições emocionais no campo transferencial são diferentes daquelas oferecidas pelas figuras parentais. Vai desestabilizar o padrão cristalizado sendo um pouco disruptivo, saindo *um pouco* do *script* que lhe foi atribuído.

Retomando a comparação com o RPG, a analista tem *certa* liberdade de ação e precisa evitar dois extremos:

- *Não vai concordar com Maria e dizer "muito bem, é assim que eu gosto", caso em que estaria repetindo o* script *tal qual.*
- *Tampouco vai contradizer Maria dizendo que ter fraqueza é humano, não é bobagem.*

Idealmente, ela vai dizer alguma coisa que leva em consideração o campo transferencial – ou seja, não é uma fala aleatória – e que se situa entre esses dois extremos. Por exemplo:

- *"Você tem medo de que eu te ache louca caso pensasse em trocar teu namorado pelo Valter."*
- *"Você supõe que eu também abomino fraqueza."*
- *"Será que você imagina que eu não saberia o que fazer se, por algum motivo, você começasse a chorar?"*
- *"Será que você imagina que eu nunca me chateio nem fico triste com nada?"*

Tenho a impressão de que qualquer uma dessas interpretações, ligeiramente fora do *script*, surpreenderia Maria e, com sorte, ela conseguiria associar alguma coisa a partir delas.

Por falar em jogo de RPG, uma análise com crianças funciona da mesma maneira. Nos casos relativamente fáceis, a criança atribui ao analista um papel: "você era o bandido e eu era o mocinho". Há casos, porém, como o de Maria, nos quais cabe a nós deduzirmos "quem é quem" e qual é o *script*. E quando o paciente rechaça sistematicamente certo tipo de intervenção, entendemos que estamos longe demais do *script* que nos foi atribuído. No caso, intervenções que aludam a uma suposta vulnerabilidade não têm como ser escutadas pelo bebê sábio.

Fica a questão: Maria não pode *admitir* que se apaixonou por Valter (seria uma fraqueza vergonhosa) ou não pode sequer *sentir* isso?

O bebê sábio não faz contato com sua vulnerabilidade. Está totalmente adaptado à sua pseudomaturidade. Apesar do alto custo emocional, essa defesa – a clivagem – tem funcionado. Ela de fato performa bem na vida. Seria possível continuar assim, caso não tivesse sido confrontada com a realidade de uma relação aberta. Foi o que colocou em crise o falso *self*.

Vejam que interessante. Do ponto de vista do analista, crises são momentos propícios para expandir as possibilidades de uma vida até então restringida pelo sintoma. Do ponto de vista do paciente, contudo, o ideal seria voltar atrás e reforçar o sintoma. Maria afirma que, apesar de dar conta de muitas coisas, "ainda tem várias barreiras". São os momentos em que não consegue negar o que sente.

Vemos claramente que seu projeto de análise não é integrar, mas sim eliminar de vez as "barreiras", isto é, qualquer vestígio de vulnerabilidade. Tanto que, quando surta, em vez de dizer "eu não tinha ideia de que existia essa Maria vulnerável", o que ela diz é: "não quero ser essa Maria vulnerável".

Um participante do ateliê pergunta se o falso *self* é uma modalidade de sofrimento narcísico. Acredito que sim. Sempre que o ambiente falha sistematicamente em atender às necessidades do Eu, há sofrimento narcísico. Dependendo das condições encontradas no vínculo, e dependendo dos recursos de cada um, certas defesas, e não outras, serão acionadas para poder ir em frente. Possivelmente, por ter entendido que cabia a ela cuidar de seu objeto, Maria se amputou (clivou) de sua vulnerabilidade, amadurecendo na marra antes do tempo. Entretanto, como a vida lhe mostrou, e a nós também, tratava-se de uma pseudomaturidade.

Quarto encontro

Retomo brevemente o encontro anterior. Passamos um tempo em torno da vida (des)amorosa de Maria, até que mudamos o foco da escuta e enxergamos a sessão como uma *performance* (transferencial, inconsciente) para a analista (e para si mesma). A *performance* se dá via dimensão agida da fala. A energia psíquica inconsciente que turbina todos os assuntos, desde a abertura da sessão, é algo como "veja como sou descolada, independente e nada me atinge". Passamos do conteúdo das historinhas para seu destinatário transferencial – com "quem" ela pensa que está falando. Trata-se do objeto interno-externo que espera dela exatamente isso: que seja descolada, independente e que não se abale com "bobagens". Vimos que, quando repetimos o *script*, perpetuamos o sintoma, mas quando nos afastamos demais dele, nós nos transformamos em uma espécie de marciano e a comunicação se interrompe.

Nossa colega traz uma sessão posterior ao terceiro encontro.

Excepcionalmente, a colega espera Maria na recepção, pois não havia energia elétrica no consultório. Como era um dia muito quente, pergunta se não se importa de trabalharem sem ar-condicionado. Ela responde que a falta de ar-condicionado não é um problema porque "está se termorregulando muito bem". Poderíamos apostar que ela jamais faria drama por causa do calor!

Começa dizendo que a semana foi difícil porque teve uma crise de síndrome do intestino irritável (cólica e dor).

> *Consegui falar "não" para meu R1 (médico no primeiro ano de residência) e me senti muito bem com isso. Ele estava desesperado. Queria que, durante o fim de semana, eu lesse a discussão clínica que ele colocou no prontuário do seu paciente. Consegui dizer que só leria na segunda-feira. Me senti no controle da minha vida.*

Maria diz que não liga muito para os residentes, mas a verdade é que se preocupa muito com eles. Lembram-se de que ela havia dito que "ainda tem barreiras"? Imagino que esse seja um exemplo: ela precisou se esforçar para não sacrificar seu fim de semana para resgatar o R1 desesperado. "Barreira", aqui, parece ser excesso de empatia.

O rapaz estava "fazendo drama" para que ela lesse logo seu prontuário? Ou estava apenas sendo um R1 preocupado com prazos, como tantos? O interessante é que ela não chama isso de "fraqueza". Diante do "desespero" dele, foi uma vitória conseguir dizer que só leria seu texto na segunda-feira.

E agora vejam que linda a associação da analista! Ela conta que Maria já recebeu em casa uma residente que não tinha onde morar. Já levou outra em crise para o pronto-socorro. Já levou uma terceira à delegacia para dar queixa de agressão. Isso me lembra seu comentário sobre aquela mãe superprotetora do seriado de TV: "eu seria esse tipo de mãe".

É curioso, pois vai no sentido oposto ao que vimos logo no primeiro encontro. Levantamos a hipótese de que Maria se relaciona com um objeto interno que diz "se vira aí com suas fraquezas, não me venha com dramas". Na ocasião, levantei algumas possibilidades. Poderia ser um objeto:

- *Pouco disponível emocionalmente, ou porque a criança é pouco investida, ou porque ele está atolado em suas próprias angústias.*
- *Pouco empático para atender suas necessidades.*
- *Que tem sérias limitações para exercer a função de continência das angústias da criança.*
- *Outros.*

Agora que escrevo, ocorre-me uma nova possibilidade. O objeto precisa que a criança resolva tudo sozinha porque não consegue conter a angústia – nem a própria e, por consequência, nem a da criança. Vejam: se a cada vez que o bebê chora, a mãe (do seriado/a dela) se desespera, ele acaba aprendendo a se comportar direito, a não chorar, a se virar sozinho e até a fazer a própria mamadeira (risos) para cuidar da mãe. É exatamente assim que Ferenczi descreve o nascimento do bebê sábio! É a criança que entendeu que precisa cuidar de sua mãe para ter uma mãe minimamente funcional.

O que poderíamos dizer, com essa abertura de sessão em torno da ausência do ar-condicionado?

- *(com humor) "Você deve ser a única da cidade que não precisa de ar-condicionado!"*
- *(com humor) "Claro que você não vai fazer drama só porque meu ar-condicionado não funciona e nós duas vamos torrar aqui dentro!"*
- *"Esse residente tinha que ser mais maduro e se aguentar sozinho, sem fazer drama?"*
- *"Então você fez das tripas coração para não morrer de dó do teu residente? Você se identificou com o desespero dele?"*

~

Depois de falar de sua satisfação por ter conseguido dizer "não" ao residente, Maria volta ao tema da amiga que perdeu o bebê.

> *Ela ainda não superou a perda. Não entendo tanto sofrimento. Será que ninguém falou para ela que era apenas um aglomerado de células? Será que eu digo isso ela?*

O que parece falta de empatia poderia ser, ao contrário, uma tentativa meio torta de consolar a amiga. A criança cai, chora, e a mãe diz que "não foi nada". Não aguentando ver a amiga sofrer, tenta minimizar a perda: "não fique tão triste, você não perdeu um filho, era só um aglomerado de células". Faz sentido, se lembrarmos que ela mal aguenta ver os residentes sofrendo.

A analista discorda. Maria realmente acha que sofrer tanto por causa de um aborto não faz sentido. Em sua intervenção, sugere que, para sua amiga, talvez o aglomerado de células já fosse um filho. E quem perde um filho não está fazendo drama. É uma intervenção produtiva, pois Maria associa com seu *pavor* de perder seus pais. Entende que é o ciclo natural da vida, mas não pode nem imaginar viver sem eles. Ela começa a fazer contato com sua vulnerabilidade.

A colega convida Maria a falar sobre seu aborto. Em vez disso, ela fala de uma situação amorosa traumática:

> *Estávamos namorando havia cinco anos. Tínhamos planos de nos casar depois da residência. Fui fazer a minha em outra cidade e, quando voltei, nossa relação não era mais a mesma. Fiquei puta e dei um ultimato: "ou casa, ou desocupa". Ele disse que era melhor cada um seguir sua vida. Nunca sofri tanto. Eu tinha blefado, não esperava que ele fosse terminar o namoro. Depois disso jurei nunca mais me apaixonar, nem sofrer por amor. "É coisa de gente fraca e burra."*

Vejam: o que a marcou foi a história de amor, e não o aborto. Notem que o "ultimato" foi uma *performance* – ela queria mostrar força. Queria "empurrar" para ele o medo de perder a relação. Não deu certo.

E por que será que ela traz essa historinha agora? Tenho a impressão de que é parte do processo de elaboração do traumático. Ela aceita revisitar a experiência porque sabe que está acompanhada por alguém que não vai dizer que é fraqueza ou burrice.

Atenção: ela fala desse ex-namorado, mas nós podemos escutar essa historinha como aludindo também à sua relação com seu objeto primário. O pavor de perder os pais no futuro pode sinalizar que, de alguma forma, essa perda já aconteceu no passado – não no sentido concreto, mas emocional. O que quero dizer é que, quando a relação inicial foi suficientemente boa, a perda dos pais pode ser dolorosa, mas não é uma tragédia. Agora fica claro que se "termorregular" é uma estratégia de sobrevivência.

Por falar nisso, passamos batido por um material em que ela fala de dor. Disse que a semana foi difícil porque teve uma crise da síndrome do intestino irritável. Ela pode fazer contato com a dor, contanto que seja no corpo. Bem que eu queria saber como ela se comporta diante de uma crise dessas. Fica de cama se contorcendo de dor? Chama alguém? Levanta-se e toca a vida normalmente? Toma remédio, ou enfrenta "na raça"?

~

Estamos finalizando nosso quarto encontro.

Uma colega diz que a ideia de transferência como *performance* foi nova para ela. Achou interessante mudar o foco da escuta, do conteúdo das histórias sobre relacionamentos, para a função da fala – a dimensão agida da fala que convoca como resposta contratransferencial uma repetição do objeto com o qual precisou se constituir ("Muito bem, é assim que eu gosto!").

Aproveito para trazer uma imagem que me ajuda a entender o traumático. É sempre uma experiência complexa que envolve muitos níveis de percepção e de registro da dor psíquica. Imagino um sólido multifacetado. Vimos algumas dessas facetas. A historinha do show parece não ter nada a ver com Maria ter conseguido dizer "não" a seu residente. A historinha sobre os homens-vibradores parece não ter nada a ver com o aborto que ela foi lá e fez. O fato de que Maria rechaça intervenções que aludem à vulnerabilidade parece não ter nada a ver com a *performance* que ela faz para a analista. No entanto, acabamos reconhecendo que são maneiras diferentes de contar a mesma história: como ela precisou amadurecer na marra para cuidar de uma mãe que, na minha construção (Freud, 1937/2017), não aguentava bebê chorando.

Outra participante do ateliê se dirige à analista de Maria e pergunta por que escolheu esse caso para o ateliê. Excelente pergunta! Nossa colega responde que gosta de atendê-la, mas vê várias Marias e fica meio perdida, o que dificulta o manejo.

Eu tenho uma hipótese. A analista fica perdida porque Maria parece muito bem resolvida. Inclusive, chegou a usar o termo onipotência para descrevê-la. Que pessoa é essa que vem para análise, não falta, mas parece não sofrer com nada? Intervenções na linha da "continência da dor" não só não a tocam, como são rechaçadas. Nesse sentido, ela é diferente da maioria dos nossos pacientes cujo sofrimento é evidente. Porém, Maria também sofre, justamente porque é obrigada a ser forte e madura o tempo todo, com todas as consequências que isso tem na sua vida.

O que aprendi com este ateliê?

Aprendi como faz falta um conceito! Aprendi como bastaria o termo "bebê sábio" para organizar e dar sentido ao conjunto do material clínico! Foi só agora, escrevendo o capítulo para o livro, que atinei com esse conceito que teria sido tão útil durante o ateliê. Tínhamos percebido a *performance* do falso *self* de uma pessoa que se via como forte e bem resolvida. Porém, não me lembrei da noção de bebê sábio. Fazia parte do meu repertório, mas não consegui usá-lo como ferramenta conceitual.

Tentei entender por que o conceito não me ocorreu. Arrisco uma hipótese. Fiquei por tempo demais colada na ideia de que o interlocutor interno de Maria era um objeto que diz "se vira aí" no sentido de pouco *empático* ou pouco disponível emocionalmente. Não me ocorreu que poderia ser um objeto que diz "não conte comigo porque não dou conta nem de mim, quanto mais de você!". Uma mãe frágil também pode estar pouco disponível, mas por estar atolada em suas próprias angústias. A criança capta esse "ambiente emocional" e tenta não dar trabalho; vai fazer o possível para resolver suas questões sozinha". Se eu tivesse pensado nisso, acredito que o conceito de bebê sábio teria aparecido. Eu teria imaginado que a criança-em-Maria precisou amadurecer antes do tempo para cuidar de uma mãe capenga.

Sendo mais justa comigo mesma, rodeamos essa ideia e, de certa forma, reinventamos a roda. Contudo, para efeitos de integração teórico-clínica, que é o objetivo do ateliê, teria sido melhor se o termo cunhado por Ferenczi tivesse surgido antes. Enfim, eis um lindo exemplo de dissociação teórico-clínica! E não deixa de ser curioso que eu tenha sido obrigada a assumir esse meu limite no contexto da discussão de uma paciente que não podia integrar os seus.

(Re)descobrir o conceito fresquinho na clínica junto com o grupo não tem preço. Não tendo sido possível, fazer isso enquanto escrevo também me satisfaz. Antes tarde do que nunca!

Ateliê 3
Em carne viva, no fundo do poço

Escolhi este ateliê porque traz duas formas extremas de sofrimento psíquico que, no entanto, nos remetem a diferentes dinâmicas traumáticas no vínculo primário. Daí o título duplo deste ateliê: "em carne viva" e "no fundo do poço".

A "carne viva" foi visível desde o primeiro encontro, e parte do nosso esforço foi encontrar um caminho para que a paciente pudesse usar nossas intervenções ao invés de recusá-las. Foi importante conseguir "falar na língua" da paciente em vez de esperar que ela falasse na nossa.

Demoramos, contudo, para reconhecer o "fundo do poço". Essa paciente escondia bem esse sofrimento graças a um "avatar" socialmente aceitável: passou em um concurso público concorrido, é bem apessoada, diz ter amigos e parece ter uma vida "normal". Riscando esse fino verniz com a escuta analítica, tivemos uma surpresa. Enxergamos a falta de esperança de poder viver sua própria vida de forma autônoma. Encontramos a ferida narcísica da criança que sente que não tem valor para seu objeto, bem como o desespero de se perceber um fardo para ele.

Foi só no quarto encontro que pudemos reconhecer com clareza a dinâmica tanática responsável pela depressão melancólica que a puxa para o fundo do poço – e, em certos momentos, a empurra para a beira do abismo.

Primeiro encontro

A analista começa falando da dificuldade em dar um nome fictício à paciente: nenhum parecia refletir quem era ela. Desde o início, sua questão era "quem é essa pessoa"?

Trata-se de uma mulher por volta dos quarenta anos, inteligente, mas com sérias dificuldades emocionais. Passou num concurso difícil e tem um emprego público, o que deixa a analista perplexa: como alguém tão prejudicado psiquicamente consegue essa proeza?

A analista informa que ela está em análise há seis anos. Mais tarde corrige para seis meses. O ato falho revela que sente essa paciente pesada, difícil e angustiante. Foi encaminhada por um psiquiatra. Fazia terapia com uma psicóloga, mas sentia que ela "não conseguia alcançá-la". Pede indicação de alguém que seja psiquiatra e psicanalista, pois "precisa de uma abordagem mais profunda". Por mais lisonjeiro que possa ser, não vamos tomar ao pé da letra sua visão de que uma análise é "mais profunda" que uma terapia. Em vez disso, e tentando escutar analiticamente, encontramos o desespero e a busca por um superprofissional para dar conta dela.

A paciente vive muitas limitações por causa de seus sintomas, descritos por ela como "despersonalização e desrealização": sente uma estranheza e não reconhece o próprio corpo; tem a sensação de que o que está vivendo não é real; ela se vê "de fora", como se estivesse assistindo a um filme. Embora faça um uso significativo de medicações, elas não têm dado muito resultado. Depois de um longo período de licença do trabalho, foi alocada numa função sem exigência de prazo, em *home office*, adaptada ao que ela consegue entregar.

A colega diz que é um caso muito difícil e sente que suas interpretações não funcionam. Lembro ao grupo que um ateliê não é uma supervisão. Nosso objetivo é praticar a escuta analítica e elaborar um pensamento clínico na esperança de que isso reverta para a análise. Posto isso, começo a trabalhar essa ideia de que "as interpretações não funcionam".

Isso pode acontecer quando o analista não está conversando com a pessoa que está ali na sua frente. E nossa colega intui isso quando diz que "não consegue dar um nome fictício, nem entender quem é aquela pessoa". De modo que precisamos "entrar no planeta em que ela vive" e tentar enxergar o mundo tal como ela o enxerga. Queremos acessar aquela forma particular de ser e de sofrer. E isso por uma boa razão. O fracasso da comunicação primitiva é fonte de grande sofrimento no vínculo precoce. O bebê tenta comunicar suas necessidades físicas e emocionais, mas a mãe não consegue traduzi-las de maneira adequada/sintônica, e responde a seus apelos de forma sistematicamente equivocada. Cada um vai pisando nos calos do outro até que a relação se torna uma tortura para ambos. Talvez seja o caso dessa dupla analista-paciente.

A analista continua apresentando o caso. Nos primeiros meses, a paciente descrevia seus sintomas, seu cotidiano ou as crises de ansiedade que a impediam de ficar sozinha. Ficava tão angustiada que tinha que procurar os pais. Nossa colega fazia perguntas para entender melhor do que ela estava falando, mas ela ficava visivelmente incomodada.

Vejam: isso já é uma dica sobre "quem" é essa pessoa! Será que o "incômodo" é porque ela sente as perguntas como críticas? É possível que perceba as perguntas como exigência de algo que ela não está entregando. Além do seu sofrimento "normal", as perguntas fazem com que ela se sinta inadequada e incompetente até para fazer análise. Na falta de palavras para se expressar, ela fica "incomodada".

Começamos a reconhecer a extrema fragilidade psíquica dessa paciente ainda sem nome.

Ao escutar isso, a colega traz uma informação preciosa: sente uma "intensidade corporal" durante os atendimentos. Enquanto escuta a paciente, sua mente é invadida por imagens: uma rede de tricô cheia de buracos; a paciente vagando por um lugar sombrio, à deriva, num espaço infinito e sem gravidade. A contratransferência capta as angústias psicóticas e a falta de coesão somatopsíquica. Essas imagens nos introduzem rapidamente no "planeta" em que ela habita.

A analista continua. Muitas vezes, a paciente reage às suas colocações com um "não é nada disso, você não está entendendo nada". Ela interpreta essa reação como uma tentativa, por parte da paciente, de mantê-la longe, como se suas palavras fossem um corpo estranho que causa repulsa.

Entendemos bem a analista quando diz que as "interpretações não funcionam". Ela faz contato com o desespero da paciente e, quando tenta ajudar, suas palavras são rechaçadas. Agora: será que são rechaçadas como corpo estranho repulsivo? Ou será que ela se retrai defensivamente porque as palavras da analista causam dor?

Repulsa ou dor? Escutar de um jeito ou de outro muda tudo na maneira como vamos prosseguir. A paciente não recusa delicadamente as intervenções com um "acho que não é bem isso". Na minha interpretação, ela recorre a palavras fortes ("você não está entendendo nada!") para se defender ferozmente de algo que vem de fora e produz dor, não repulsa.

Isso me leva a "enxergar" uma pessoa em carne viva. É preciso muita delicadeza para cuidar da pele em carne viva sem feri-la ainda mais. Qualquer coisa que não seja muito sintônica e ajustada dói muito, e ela reage com ódio. É como se gritasse: "eu preciso desesperadamente que você me entenda!". Na transferência, a analista se vê diante do desafio de não repetir o fracasso na comunicação precoce entre o bebê e seu objeto primário.

A paciente chorava o tempo todo e pressionava a colega psiquiatra-psicanalista por um diagnóstico. Essa é sempre uma situação incômoda. Como psiquiatra, ela confessa que não saberia qual o diagnóstico. E, como psicanalista, temia, com razão, que esse tipo de informação fosse usado para "fechar" o processo de associação livre, ao invés de mantê-lo aberto. De modo que nossa colega tentava se esquivar das conversas sobre sintomas, diagnóstico e medicação. Respondia algo que considerava vago, como "vejo você com muito medo de enlouquecer".

Proponho, então, uma conversa sobre "perguntas à queima-roupa". A analista sente que corre o risco de ser desalojada de sua função analítica. Como escutar analiticamente essas perguntas? Um exemplo simples esclarece essa ideia. Quando um paciente pergunta "que horas são", provavelmente ele não está querendo saber as horas, e sim se ainda tem tempo para falar o que precisa falar. O que move a pergunta é a angústia de não ter tempo suficiente.

Quando entendemos isso, se o paciente pergunta "que horas são?", não vamos ficar em silêncio, nem nos esquivar ou devolver a pergunta ("que horas você imagina que são?"). Podemos interpretar, simplesmente, "temos tempo". Ou então "continuamos na próxima sessão". Responder analiticamente perguntas à queima-roupa é tomar em consideração *o que move a pergunta*. E o que move a pergunta é sempre alguma angústia que nos cabe reconhecer.

Diante da pressão por um diagnóstico, a colega interpreta a angústia: "você tem medo de enlouquecer". É verdade, mas de alguma forma ela já sabe disso, tanto que queria uma "superprofissional". Quando pressiona por um diagnóstico, a angústia que a move, o que ela quer saber, é algo como "Doutora, você acha que eu tenho jeito?". Para ela, certos diagnósticos psiquiátricos funcionariam como sentença de morte ("sinto muito, mas infelizmente o seu diagnóstico é x"), enquanto outros significariam um prognóstico melhor ("tenho uma boa notícia, o seu diagnóstico é y, condição que hoje em dia tem tratamento").

Tudo o que ela quer saber é se tem saída, ou se vai continuar a sofrer desse jeito para o resto da vida. Imagino que uma interpretação nessa linha – "você quer saber se eu acho que você tem jeito" – não seria rechaçada com um "você não entendeu nada". Ao contrário, quando a interpretação nomeia a angústia, o paciente em carne viva sente "essa daí me entendeu". A pele começa a cicatrizar.

Voltando ao caso, a colega diz que ela usa as sessões para falar de sintomas e remédios. Nas entrelinhas, percebo que ela está se "queixando" da paciente. Gostaria de outro tipo de material clínico – alguma coisa mais "interpretável" – para poder se sentir analista. É comum que o/a colega sinta que o paciente está colocando uma distância impeditiva do que imaginamos ser o trabalho analítico. O que dizer se o paciente fala de sintomas e remédios? Por outro lado, e se, em vez de colocar uma distância, a paciente estiver tentando fazer contato com a analista *do único jeito que sabe*?

Imaginem um bebê fazendo aqueles barulhinhos gostosos para a mãe. É fundamental reconhecer que ele está "conversando" na língua dele. A mãe aceita esse "discurso" e responde de um jeito que ele sente "essa daí entendeu tudo". Um caminho para fazer contato com essa paciente em carne viva pode ser falar na língua que ela conhece, na língua em que é fluente, em que se sente à vontade: falar de coisas simples e concretas como remédios e sintomas.

Alguém no ateliê compara essa situação com o atendimento de adolescentes, quando o único meio de os acessar é, por exemplo, conversar sobre videogame. Concordo. É essencial ficar no nível proposto pela paciente. Não adianta esperar que ela "fale de si" ou de "suas emoções": não vai rolar, a pessoa que está na nossa frente não é capaz disso. Se nós nos interessarmos pelos sintomas, pela medicação, ela não vai sentir que estamos querendo que "fale de outra coisa". Vai relaxar e, quem sabe, novos assuntos surgirão.

Nosso objetivo, por enquanto, é achar um jeito de tocar essa paciente em carne viva sem que ela sinta ainda mais dor.

Como foi dito, essa paciente chora o tempo todo. Os afetos transbordam. Estamos no plano econômico da metapsicologia, das intensidades pulsionais, das quantidades. Mas, por que esses afetos transbordam? Qual é a ideia – qual a representação – que faz esses afetos transbordarem? Aqui precisamos acessar o plano das *qualidades*, isto é, do sentido. É possível que ela esteja mergulhada no desespero de que "não tem jeito, eu sei que isso nunca vai passar". Isso é o que Winnicott (1963/1994) chamou de agonia: sofrimento intenso, sem fim, vivido na mais absoluta solidão.

A ajuda possível é mostrar a ela que não está sozinha. Porém, atenção: não adianta dizer "estou aqui, você não está sozinha!". A solidão não é concreta, mas emocional, e tem a ver com a *incomunicabilidade*. Por isso, temos de *mostrar* que estamos "enxergando" onde ela está. E isso se faz com intervenções suficientemente sintônicas, que nomeiem de modo adequado qual é a ideia que faz o afeto transbordar. Ela sai da agonia quando lhe oferecemos, na transferência, condições para que ela tenha a experiência "essa daí me entendeu". É isso que produz algum alívio. Por exemplo:

- *"Você quer saber se eu acho que você pode sofrer menos?"*
- *"Você tem medo de não ter saída, de continuar sofrendo assim para sempre."*
- *"É horrível sentir que ninguém nem imagina pelo que você está passando."*
- *"É horrível ter que viver tudo isso sozinha!"*

Se alguém está em carne viva, é porque teve experiências cotidianas do tipo "essa daí não entendeu nada". É o que Ferenczi (1932/1992b) chamou de "trauma cumulativo". A carne viva começa a cicatrizar à medida que a paciente se sentir acompanhada, compreendida, alcançada. "Essa daí me entendeu, já não estou completamente sozinha." Para o analista pode parecer pouco, mas para ela é muito.

~

Podemos imaginar o que é estar durante cinquenta minutos em contato com o sofrimento atroz de uma pessoa em carne viva que, com toda razão, espera de nós algum alívio. A analista nos conta que um dia, inesperadamente, começa a chorar enquanto escuta sua paciente. Ambas ficam assustadas. A analista receia ter perdido essa paciente. Pergunto a ela por que acha que começou a chorar. Ela responde que, naquele momento, fez contato com o nível de desespero da paciente. É possível que, longe de inviabilizar a análise, o choro da analista pode ter feito a paciente se sentir compreendida: "essa daí me entendeu".

Chamo a atenção do grupo para o fato de que, até agora, a contratransferência é o material clínico mais importante. Com poucos elementos, foi possível reconhecer "quem" é essa paciente e propor exercícios de intervenção. É possível que precisemos mudar de rota nos próximos encontros, dependendo do que a colega nos trouxer.

Retomo a informação de que a paciente tem um emprego público e que trabalha em *home office*, sem pressão de prazo. Esse é o fato; mas nós não podemos fazer nada só com essa informação. Precisamos saber – se isso for relevante – como a paciente vive esse fato. Precisamos de sua experiência subjetiva para tentar "entrar no planeta dela", isto é, para tentar enxergar o mundo tal como ela o enxerga. Por que isso é importante? Porque cada um interpreta a realidade a partir de seu mundo interno. Psiquismos diferentes percebem a realidade de modos diferentes. A experiência subjetiva nos conta "quem" é aquela pessoa, e isso orienta nossas intervenções.

M – O QUE A PACIENTE ACHA DE TRABALHAR EM *HOME OFFICE* SEM A PRESSÃO DO PRAZO?

Ela acha ótimo ser uma exceção? Sente que foram empáticos e solidários com suas dificuldades? Acha péssimo ser vista como louca? Acha que ninguém a aguenta e quiseram se livrar dela? Vejam: "que bom, me entenderam" ou "ninguém me aguenta, se livraram de mim" são duas experiências subjetivas totalmente diferentes, o que indica dois psiquismos diversos. No primeiro, o interlocutor interno é um bom objeto, protetor e confiável. No segundo, o interlocutor interno é: a) um objeto frágil que não aguenta nada, ou b) um objeto que a odeia por ser como é, e quer ser livrar dela.

A analista nos informa que ela se sentiu frustrada, pois lhe deram uma função que exige pouco; ficou pior por não ter a obrigação de ir até o escritório; gostaria de trabalhar com maior regularidade; quer ter hora para chegar, hora para ir embora e chefe chato. Inclusive, as sessões recentes são preenchidas com relatos e mais relatos de seus esforços para ser alocada em outra cidade e para trabalhar presencialmente. Ou seja, ela não quer ser uma exceçao. O que ela mais queria era aguentar a vida, como todo mundo.

Alguém no grupo lembra que a paciente queria uma análise "mais profunda". Seria a esperança de um contato mais vivo? Depende do que estamos entendendo por "mais vivo". Um ser humano psiquicamente vivo é aquele capaz de sintonizar com seus estados mentais e com suas necessidades físicas e emocionais. Uma mãe psiquicamente viva está sintonizada com a criança, a qual, por sua vez, faz o que pode, na língua dela, para ser entendida. É justamente o que estamos tentando!

~

Nossa colega comenta que a leitura que estamos fazendo do caso faz muito sentido. Precisava de ajuda para sintonizar a escuta analítica de modo a "traduzir" o tipo de comunicação dessa paciente. Foi muito útil reconhecer alguém em carne viva que precisa urgentemente de experiências do tipo "essa daí me entendeu".

Aproveito para explicitar rapidamente as ferramentas teóricas que estou usando para fazer contato com uma paciente tão regredida como essa. A construção de um bom narcisismo primário depende de um ajustamento suficiente entre a criança e seu ambiente. Dois autores nos ajudam aqui. Bion (1962) com a ideia de que a criança vem ao mundo com a expectativa – a preconcepção – de um objeto capaz de entender/atender aos seus apelos: "essa daí me entendeu, tanto que respondeu de maneira adequada aos meus apelos". E Winnicott (1958/1990a; 1967/1990c), para quem a qualidade do vínculo precoce depende de experiências do tipo "criado-achado". A criança alucina o seio, quer dizer, alucina um objeto psiquicamente vivo, e o seio está lá, na realidade, para ser encontrado.

A instalação do *chip* de um objeto psiquicamente vivo e disponível depende, então, do encontro real com um objeto que tenha, de fato, essas características. Dizemos, então, que deu *match* entre a expectativa e a realidade. Pelo menos um "*match* suficiente". É isso (e não ficar repetindo "eu te amo") que constrói as fundações (como as de um edifício) para um bom narcisismo primário.

A experiência básica "essa daí me entendeu" assume várias formas ao longo do desenvolvimento psíquico (Roussillon, 1999; 2008). A comunicação bem-sucedida começa com uma "conversa" entre o corpo da mãe e o corpo do bebê. Sobre essa base, a conversa passa a envolver afetos e experiências emocionais. O *chip* da simbolização vem de fábrica, mas é ativado no vínculo precoce quando a comunicação primitiva é suficientemente bem-sucedida. Aos poucos, a criança vai transferir "essa daí me entendeu" para "estou me entendendo", que é a capacidade de traduzir e dar sentido aos próprios estados psíquicos.

Uma colega retoma a situação em que a analista chora na sessão. Diz que lhe veio a imagem de uma mãe que se desespera e chora junto com a filha, sem saber o que fazer para acalmá-la. A analista sorri e se lembra de uma cena que a paciente lhe contou. Seu irmãozinho bebê chorava no colo da mãe; voltando-se para a filha mais velha, a mãe desabafa: "não é possível que ele também vai me dar trabalho!". Essa cena é muito significativa: a mãe traduz os apelos da criança como "me dar trabalho". "Essa daí não entendeu nada!"

Segundo encontro

Depois de nosso último encontro, a analista afirma ter conseguido dar um nome fictício à paciente – Melissa – e interpreta isso quase como um nascimento. Comento que, mais do que um nascimento, vemos a transformação, na mente da analista, de uma paciente que se contorcia como um bichinho machucado em um sujeito que agora tem até um nome.

Nossa colega traz material clínico novo. Comenta que a paciente usa muitas defesas obsessivas que produzem um distanciamento entre elas.

M – O QUE VOCÊ ESTÁ CHAMANDO DE DEFESAS OBSESSIVAS? TEM UM EXEMPLO?

Sim. A paciente quer reformar o apartamento em que mora. Começa animada, fala com a arquiteta, que faz um projeto "maravilhoso". Durante um tempo, Melissa preenche as sessões descrevendo detalhadamente o projeto. Contudo, pouco depois, desanima. O projeto morre dentro dela; ela desiste antes de começar.

Suponho que "defesas obsessivas" seja a descrição detalhada do projeto. Entendo a analista: se a paciente está falando, por exemplo, sobre a distribuição dos quartos e das tomadas, ela não tem muito como intervir. Daí que ela sinta que esse tipo de discurso produz um "distanciamento" entre elas. Daí a se "queixar" que a paciente não colabora, é um passo. Aqui, sempre sugiro cautela. Primeiro, vamos ver se a escuta analítica está suficientemente sintonizada. E, segundo, com que tipo de concepção de "material clínico" estamos trabalhando? São as palavras trocadas entre paciente e analista? Ou é o discurso como um todo, com seus mil níveis de comunicação?

M – ESSA É UMA DISCUSSÃO INTERESSANTE PARA NOSSO ATELIÊ: O QUE É O MATERIAL CLÍNICO?

De novo: são as palavras trocadas entre analista e paciente? Descrever um projeto de arquitetura é material clínico? Um "bom" paciente teria que falar de si, de suas emoções ou de sua relação com o analista? Se for isso, temos um problema: ou a maioria dos pacientes não traz material clínico "bom", ou nós é que não estamos conseguindo escutar analiticamente o material que nos chega.

Melissa fala sobre o projeto, e sobre isso não temos muito o que dizer. Contudo, a analista comenta em *off* algo que Melissa certamente não disse: "em pouco tempo ela desiste, o projeto morre dentro dela". Vejam! É um elemento do discurso, mas que não está nas palavras trocadas. *O foco de nossa escuta muda*: deixa de ser o projeto e passa a ser "o que será que aconteceu para Melissa desistir, para que o projeto morresse dentro dela?". Essa é uma abertura importantíssima!

Uma coisa é escutar ao pé da letra e traduzir o material como "descrição obsessiva". A tendência é "recusar o material", visto como "meramente" defensivo. Outra coisa é escutar a *função da fala* e traduzi-la como: "ela está compartilhando seu sonho comigo". Aqui, a tendência será "acolher e valorizar" esse material. Para uma paciente em carne viva, conseguir ter um sonho e compartilhá-lo com a analista é muito! E por que será que ela desiste? É fundamental entendermos o que acontece entre o nascimento e a morte do projeto!

~

A colega diz a Melissa: "você começa animada e vai murchando". Diante disso, ela *se solta* e faz uma longa lista de prós e contras da reforma. Para a colega, a "lista" tem um caráter obsessivo; mas se ela "se solta", pode ser que a intervenção da analista tenha sido produtiva! Pode ser que a tal lista traga material relevante.

Vejam, o analista não tem que fazer "grandes interpretações", daquelas bem inteligentes com começo, meio e fim. Esse modelo de trabalho, certamente idealizado, pode travar o analista ou deixá-lo com a sensação de que "não está trabalhando". Winnicott (1975) fala em "jogo do rabisco" para descrever um tipo de conversa em que cada um faz um comentário em cima do que o outro disse, sem grandes pretensões. O sentido analítico só vai se mostrar posteriormente. Foi o que aconteceu aqui.

M – E QUAIS SÃO OS PRÓS E OS CONTRAS DA REFORMA?

> *O apartamento é um* flat *que pertence à minha mãe. A decoração é básica, impessoal. Queria fazer uma reforma para deixar ele com a minha cara. O projeto da arquiteta é maravilhoso, tudo a ver comigo. Além disso, prometi ao meu pai que durante a reforma ele pode ficar com os móveis.*

Esses são, digamos, os prós.

> *Minha mãe queria alugar o* flat, *mas como não tenho dinheiro para pagar aluguel, ela disse para eu ficar ali. Só que, como não sou a proprietária, não tenho o direito de mexer em nada.*

Pergunto à colega se sabemos se a mãe cede o *flat* de boa vontade, ou a contragosto. Segundo Melissa, a mãe *tolera* que more lá por falta de opção.

Vejam o que descobrimos! Ela se sente um peso para seu objeto; é tolerada, mas não tem o direito de fazer demandas. Completamente diferente de uma mãe que dissesse, numa boa, "fique enquanto precisar". Estou pensando no *flat*, mas também no vínculo entre elas.

A analista continua trazendo o que Melissa elencou como os "contras" da reforma.

> *Se eu quiser ter um lugar com a minha cara, vou ter que comprar um apartamento. Mas como não tenho dinheiro, não vai acontecer nunca. Agora não sei o que*

> *fazer, porque prometi os móveis para meu pai. Sem reforma e sem móveis.*

Como estamos vendo, os impedimentos são gigantescos. Ter um apartamento com sua cara é praticamente impossível. É ou não é uma boa razão para murchar e desistir antes de começar?

~

Nesse momento, proponho exercícios de escuta analítica. Muitas imagens nesse material podem ser escutadas como um sonho, ou talvez como um pesadelo. Vejam:

- *Ela quer fazer uma reforma no apartamento – vejo aí a representação de sua tentativa – malograda – de ter um lugar no mundo enquanto* sujeito.
- *Não quer morar em um lugar impessoal, quer um apartamento que tenha a sua cara. A arquiteta – a analista – poderia ajudá-la a afirmar algo próprio, ter uma marca, uma identidade.*
- *Não tem o direito de fazer nada para si mesma porque o apartamento é da mãe. É a própria imagem da submissão e da impotência.*
- *Tolerada, mas sem direitos. Cidadã de segunda categoria.*
- *Não vê luz no fim do túnel, parece impossível conquistar autonomia em relação ao objeto; vai continuar* assujeitada *para sempre (morar "de favor" no apartamento da mãe porque nunca vai ter dinheiro para comprar o seu).*
- *Prometi os móveis para meu pai. Imaginem ela no* flat *básico, só que sem móveis. É a própria imagem de quem não tem nada de seu no mundo (sem reforma e sem móveis).*

Vejam quantas coisas a suposta "lista obsessiva de prós e contras" nos revelou! A escuta analítica da historinha sobre a "não reforma" do apartamento revela a *impossibilidade de ser e de existir*. Vejam o Eu acuado, sem lugar, sem direitos, apavorado e sem recursos. Alguma coisa deu muito errado no vínculo primário para ter como consequência esse tipo de fragilidade narcísica.

Ao ouvir isso, alguém pergunta se caberia uma interpretação do tipo "Nós também estamos fazendo um tipo de reforma". Acho pouco provável que tal fala fosse produtiva com essa paciente, porque ela funciona num registro bastante concreto, e essa interpretação trabalha no nível simbólico, mas não custaria tentar e ver o que ela faria com isso. A analista também fica em dúvida se ela conseguiria continuar associando, ou se acharia bizarro e ficaria quieta.

Proponho exercícios de intervenção sobre o material da reforma:

- *"Não dá para se sentir em casa em um lugar que não tem a sua cara."*
- *"Que esforço gigantesco você precisaria fazer para ter algum direito!"*
- *"O sonho parece tão distante que desanima antes de começar."*
- *"O apartamento é da sua mãe, os móveis são do seu pai. Parece que não tem nada seu aí."*

Um colega traz uma observação interessante. Ela não precisaria fazer uma reforma para o apartamento ter a cara dela. Poderia comprar um tapete, umas almofadas, um quadro. De fato, se o problema fosse de decoração, poderíamos sugerir isso. Acontece que estamos escutando a historinha sobre a reforma impossível como suporte transferencial das dificuldades na constituição do Eu. Para mim, essa historinha fala de como Melissa percebe o vínculo com a figura materna: uma mãe que pode tudo, e uma criança que não pode nada.

Uma maneira de não cair na tentação de intervir "na realidade" ("você poderia comprar um quadro com a sua cara") seria usar o truque de escutar como se fosse um pesadelo: "Sonhei que estava na minha casa, mas a decoração não tinha nada a ver, eram móveis medievais. Eu não podia morar lá, mas não tinha para onde ir. Fui morar debaixo da ponte e acordei angustiada". Ninguém vai dizer "por que você não troca os móveis medievais por outros que tenham a sua cara?". A historinha sobre a reforma impossível dá uma forma perceptível e visível à impossibilidade de se constituir como sujeito autônomo. Ela não tem autonomia em relação ao seu objeto primário.

Há ainda mais um detalhe. Mesmo do ponto de vista da decoração do apartamento, a pessoa que poderia comprar um quadro que tivesse a cara dela não é a "nossa" Melissa. A nossa – pelo menos até agora – é uma pessoa em carne viva lutando pelo direito de ser e de existir. Ela está muito longe de ter essa autonomia.

Uma colega sugere que, para Melissa conseguir ter uma cara, ela teria de "desfigurar" a mãe: ou uma, ou outra. Ainda nessa linha, como o tema é o apartamento, indaga qual é o espaço ocupado por Melissa dentro do psiquismo da mãe. Será que ela tem um lugar? A mãe "enxerga" essa filha tal como ela é? Ela ocupa um lugar legítimo, tem o direito a algum espaço "dentro" dessa mãe? Ou ocupa no sentido de "ocupação ilegal", como uma hóspede que não é bem-vinda? Vimos que a mãe *tolera* que ocupe o apartamento porque não teria onde morar. Atenção para o *spoiler*. Como veremos, essa é exatamente a questão: ela se sente a própria "criança mal acolhida" (e sua pulsão de morte) de Ferenczi (1929/1992a).

Alguém comenta o fato de ela não poder voltar atrás em relação a dar os móveis para o pai. Traz a história de um casal que, para ampliar o espaço da casa, compra um segundo apartamento no mesmo andar. Os dois imóveis, contudo, não se comunicam: o casal mora em um, e a filha de cinco anos em outro. Essa imagem poderosa traduz bem a condição da criança-em-Melissa: cortar o contato/colocar um muro/deixar a criança sozinha/pais inacessíveis. Traduz também a "loucura" dos pais, que parecem querer se livrar da criança. Aqui está a criança mal acolhida.

Em associação com o "muro", outra participante relembra quando nossa colega disse sentir a paciente inacessível. E que talvez a analista esteja no lugar da criança que ela foi, enquanto a paciente está identificada com uma mãe que ergue um muro para não ter que fazer contato com as demandas da filha. Pode ser, as posições identificatórias no campo transferencial podem estar invertidas. Contudo, talvez essa paciente se torne acessível se conseguirmos escutar, e interpretar, que seus sonhos de autonomia e de independência em relação ao seu objeto parecem impossíveis.

É o mesmo caso que já discutimos a respeito de pacientes que "colocam uma distância" ou que "não permitem que o analista entre". Pode ser um elemento essencial da transferência, mas pode ser um problema na escuta analítica. Ou ainda na maneira como formulamos a intervenção. Voltamos à ideia do jogo do rabisco. Formulações abertas e insaturadas têm mais chances de não serem rechaçadas (Bion, 1994; Ferro, 2011). Para quem faz transferência com o/a astrólogo/a, as previsões do horóscopo funcionam justamente por isso. Ficaria mais difícil projetar algo da própria vida se o horóscopo afirmasse "daqui a três dias você vai conhecer um homem de olhos verdes chamado Chico que vai mudar a sua vida". Esse tipo de interpretação tem grandes chances de ser rechaçada.

Terceiro encontro

Retomo brevemente os principais pontos do encontro anterior. Uma participante me pede para falar mais sobre o jogo do rabisco.

A partir de sua experiência de análise com crianças, Winnicott propõe um modelo de trabalho que vale também para pacientes adultos. São pequenas intervenções, pequenos toques, simples rabiscos que não têm a pretensão de serem desenhos (ou interpretações) bem-acabados. E que, justamente por isso, convidam o paciente a acrescentar o que quiser. Em algum momento, o conjunto dos rabiscos, o trabalho feito a quatro mãos, vai mostrar um sentido.

A colega disse "Você começa animada e depois murcha". Com essa simples observação, Melissa se sentiu convidada a fazer uma lista de prós e contras da reforma. Graças a esse novo material, a escuta analítica reconheceu um "desenho": 1) o impasse em relação à constituição do Eu (um apartamento que tenha a cara dela); e 2) a falta de esperança de conseguir ser sujeito da própria vida (nunca vai conseguir comprar um apartamento com o dinheiro que ganha).

M – E O QUE TEMOS PARA HOJE?

A analista começa esse encontro dizendo que fica intrigada com um aparente paradoxo: como uma moça bem apessoada, atraente, bem cuidada, que passou num concurso público difícil e concorrido, e que diz ter amigos, pode ser uma pessoa com tantas limitações, tão comprometida emocionalmente.

Excelente questão. É bem possível que Melissa tenha criado um avatar para sua "vida civil" que se parece em tudo com uma pessoa "normal" e adaptada. Escondeu o inferno emocional no qual vive debaixo de uma fina camada de verniz. Acontece com pessoas que têm vergonha de si mesmas. O problema é que o disfarce deu certo, e as pessoas se relacionam com o avatar pensando que é ela. Daí a imensa solidão em que vive. Ninguém acessa o poço de angústia que ela é, mas basta um pouco de escuta analítica para ter acesso à sua realidade psíquica. A analista fica intrigada porque vê o avatar, mas vê também a realidade psíquica.

Temos aqui um aspecto importante. Se ela disfarça tão bem sua angústia, a ponto de parecer uma moça normal, é porque se relaciona com um objeto interno que não tolera seu sofrimento. Podemos imaginar várias situações.

- *Esse objeto fica ameaçado/culpado, como se a angústia da paciente fosse uma acusação contra ele.*
- *Fica desesperado porque não tem estrutura psíquica para aguentar a barra.*
- *Tem zero empatia e trata seu sofrimento com desprezo ou como uma fraqueza intolerável.*

Vejam como, a partir da observação da colega ("fico intrigada com..."), podemos imaginar a paisagem interna.

Em seguida, nossa colega compartilha sua perplexidade com o fato de que ela só fala da sua angústia. Será que não tem mais nada na vida dela?

M – TEM ALGUM FRAGMENTO TÍPICO DISSO QUE VOCÊ ESTÁ DIZENDO?

Tem sim.

> *Minha vida é lidar com a solidão. Na sexta-feira passei na frente de um barzinho e vi pessoas conversando com amigos e tomando cerveja. Eu não tinha com quem ir. No sábado liguei para uma amiga, mas ela disse que não podia sair comigo porque tinha outro compromisso.*

> *Tentei com outras pessoas, mas não deu certo com ninguém. Fiquei mal, desci para a piscina do prédio. Todo mundo tem sua vida, mas eu não tenho nada. No sábado me senti tão sozinha que precisei ir para a casa da minha mãe. Lá eu fico encolhida quieta no meu quarto. As pessoas (amigos, sobrinho, pais) são prioridade para mim, mas eu não sou prioridade para ninguém. Ninguém precisa de mim, todos têm suas vidas.*

Opss! Para mim, esse material é menos sobre angústia e mais sobre melancolia!

Vejam a diferença: a pessoa angustiada está lutando para sobreviver; está desesperada, com medo de não dar conta da vida e de morrer em cada esquina. Já Melissa está no "fundo do poço" da depressão melancólica. Desistiu da luta e se entregou à morte em vida ("fico encolhida quieta no meu quarto", o que é o mesmo que se enterrar viva). A experiência subjetiva dela poderia ser descrita como "sou um fracasso, não sou o esperado, não tenho valor para ninguém, ninguém me ama, ninguém me quer, a vida não vale a pena, eu não deveria existir".

Entendo que a colega pergunte se "não tem mais nada na vida dela". Ela tem razão, pois a clínica da pulsão de morte é pesada, a repetição desse tipo de material é sufocante, e a colega gostaria de respirar um pouco. Seria um alívio se ela falasse também de outras coisas. Vejam a analista identificada à figura parental que pede o tal verniz para parecer mais "normal".

Todos já tivemos pacientes assim, que se queixam sempre da mesma coisa e nos puxam para baixo junto com eles. E diante dos quais, depois de um tempo, desanimamos e/ou colocamos em dúvida nossa competência.

~

Retomo nosso percurso no ateliê. Num primeiro momento, fomos apresentados a alguém em agonia, que transborda seu desespero e que não vê luz no fim do túnel. A contratransferência sugeria um corpo solto no espaço, buracos na pele psíquica, fragmentação. Alguém que precisa ser protegido da vida, que consegue um trabalho em *home office*, sem pressão; daí a imagem da carne viva. O material do apartamento nos levou para o lado das dificuldades na constituição do Eu. Ter uma "cara própria/casa própria" e conquistar autonomia em relação ao objeto primário é um sonho impossível. O sonho morre, quer dizer, Melissa *perde as esperanças*.

Isso é grave: alguém cujas esperanças morreram está sozinho no fundo do poço – está enterrado vivo. Acabamos por entender que, com pequenas variações, esse é o conteúdo das queixas que se repetem sessão após sessão. Assim como um paciente pode se queixar de dor de barriga, os melancólicos se queixam de ser um fracasso e da falta de esperança. A queixa descreve o sintoma (Minerbo, 2020a), mas como trabalhar com esse tipo de material?

Para começar, precisamos criar, na transferência, a experiência "essa daí me entendeu". Para isso, no entanto, precisamos entender alguma coisa. Assim como um médico precisa saber quais doenças produzem dor de barriga, nós precisamos saber como alguém vai parar no fundo do poço. Ou seja: para escutar algo além da queixa melancólica, precisamos de ferramentas teóricas. Sem elas, nossa escuta fica à deriva, as intervenções são pouco eficazes e a análise patina. Mais cedo ou mais tarde perderemos as esperanças, como esses pacientes.

Repito porque é importante: precisamos ter alguma ideia da, ou das, dinâmicas que produzem quadros melancólicos, para conseguir escutar as aberturas que se apresentam nesse fragmento sufocante, aparentemente "sem saída". Vejo algumas possibilidades.

- O material clínico fala de um amor não correspondido. Há pessoas que são prioridade para ela, mas para as quais ela não é prioridade. A criança-nela não tem valor para seu objeto.
- Ela vai na casa da mãe e fica encolhida no seu quarto. É possível que a companhia da mãe seja necessária, mas também complicada. Pode ser que ela tenha medo da mãe. A solução é ficar lá, mas a uma distância segura.

M – TEMOS ALGUMA HISTORINHA SOBRE ESSAS PESSOAS QUE SÃO PRIORIDADE PARA ELA?

Sim, temos; mas, antes, a colega diz que acha que Melissa vai para a casa da mãe em busca de continência, para não enlouquecer. De fato, parece que ela vai em busca de algo, mas curiosamente prefere ficar sozinha no quarto. Atenção: nem sempre a casa da mãe é um lugar acolhedor! Talvez não encontre a continência que procura. Ou pior: talvez encontre algo que a empurra ainda mais para baixo. Ir e ficar no quarto pode ser uma maneira de estar perto e, ao mesmo tempo, longe de algo que talvez seja tóxico para ela.

M – QUEM SÃO AS PESSOAS QUE "SÃO PRIORIDADE PARA ELA"? DE QUE JEITO, OU POR QUE ELA NÃO SERIA PRIORIDADE PARA ESSAS PESSOAS?

Ela tem uma relação muito afetuosa com o sobrinho. Temos um longo relato sobre uma tarde com ele.

> *Levei meu sobrinho para a terapia. Teve momentos em que me senti desconectada, outros em que conseguia me imaginar na situação dele. Quando ele falava de jogos ou de futebol eu não conseguia entender direito. Mas quando contou situações na escola, consegui imaginar*

> *como ele se sentiu desprotegido. Muitas vezes eu quis ter a vida dele, pois tem pais muito cuidadosos e protetores.*

Esse fragmento não traz nada sobre quem prioriza quem. Não dá para ver a paixão não correspondida. Que objeto interno ele representa? Alguém que tem tudo e não precisa dela? Que faz o favor de passar uma tarde com ela? Ou um sobrinho que curte estar com ela, ainda que só de vez em quando?

A analista conta que Melissa liga constantemente para a irmã para saber qual é a programação do menino, e se ela pode se inserir de algum modo. Quando a irmã diz que não vai dar, porque o filho já tem alguma atividade ou compromisso, ela se sente desprezada.

M – ACHAMOS! VEJAM A FERIDA NARCÍSICA DO AMOR NÃO CORRESPONDIDO!

Ela tenta se inserir na vida dele, mas ele não tem tempo para estar com ela. E só pode ser por um motivo: Melissa não representa nada para ele. Pior: ele nem percebe que ela está lá, implorando pelo seu amor (liga constantemente para tentar se inserir na programação do menino). Ou ela não existe para o objeto, ou existe no "modo negativo": "ele não vai perder tempo com alguém como eu; não sou digna do seu amor". Estão vendo a queda livre para o fundo do poço?

Atenção: quem aparece no material é o sobrinho, mas nós sabemos que é o sobrinho enquanto suporte transferencial do objeto primário. Ele não teria essa importância toda na vida dela se não estivesse investido transferencialmente.

Diante desse quadro, poderíamos comentar, com nossas palavras, o que ela acabou de dizer. Queremos contar a ela que estamos vendo o doloroso desencontro amoroso que ela vive na relação com o sobrinho. Por exemplo:

- *"É horrível ter que implorar por um pouco de amor."*
- *"E o pior é que ele nem percebe que é tão importante para você!"*
- *"Quanto esforço para poder ficar um pouco com ele!"*

M – O QUE MELISSA FARIA COM ESSE TIPO DE INTERVENÇÃO?

A analista diz que tais intervenções descreveriam exatamente como ela se sente. Ótimo, isso quer dizer que agora estamos trabalhando com as ferramentas teóricas adequadas. Ela pode ter a experiência "essa daí me entendeu!" e já não está sozinha!

Vejam, essas intervenções operam em dois *fronts* interconectados: intrapsíquico e intersubjetivo.

- Do ponto de vista intrapsíquico, ela passa a ter elementos para fazer contato consigo mesma – "ah, então eu estou sofrendo porque meu amor não é correspondido!". É bem diferente de um frio e racional "ele não me prioriza". Seu repertório simbólico vai sendo ampliado.
- Do ponto de vista intersubjetivo, além de "essa daí me entendeu!", ela pode sentir "essa daí não despreza meu sofrimento". Lembro que, se ela precisou criar um avatar de normalidade, talvez seja porque seu objeto não é empático, ou pior, despreza-a por sofrer por "bobagens". O importante é que esse novo objeto não se deixa enganar pelo avatar. É um alívio!

Com a descoberta do amor não correspondido, damos mais um passo no nosso pensamento clínico: eu "vejo" a criança agarrada na barra da saia da mãe, que está sempre ocupada com alguma outra coisa mais valiosa do que a filha.

Ouvindo isso, a analista associa com uma historinha:

> *Minha mãe ia passar por uma cirurgia e eu me ofereci para ficar com ela. Eu estava feliz porque achei que ela ia precisar de mim. Mas ela disse que não queria ninguém com ela; mais uma vez, me senti rejeitada. Claramente não sou prioridade para ela. Queria perguntar por que ela tem tanto ódio de mim.*

A imagem da criança que implora por um pouco de amor se confirma, mas agora surge um elemento completamente novo! Não tínhamos ideia de que Melissa sente que sua mãe tem ódio dela! Isso combina totalmente com a depressão melancólica, quadro que tem a ver com o ódio que o supereu cruel tem do Eu (Minerbo, 2020a).

Um parêntese: é comum pessoas que se sentem odiadas/desprezadas se apegarem a crianças e animais de estimação. Nem crianças, nem *pets* vão criticá-las ou julgá-las. Faz sentido o sobrinho ser tão importante para ela. *Spoiler*: mais adiante ficamos sabendo que passear com o cachorro é um momento em que se sente "real".

M – Como Melissa foi parar no fundo do poço?

Minha primeira hipótese é de uma dinâmica tanática entre mãe e filha. Chamo de dinâmica tanática (Minerbo, 2010; 2015; 2020b) a presença de microvotos de morte *inconscientes* da mãe em relação à criança. Isso nos leva de volta ao fragmento em que ela vai para a casa da mãe em busca de aconchego, mas se tranca no quarto. Se ela imagina que a mãe a odeia, faz sentido se refugiar num quarto-*bunker* antibombas. Vejam o horror: depender tanto/amar tanto/quem te odeia!

A analista retoma a frase "Queria perguntar à minha mãe por que ela tem tanto ódio de mim". Questiona se isso não poderia ser uma projeção de Melissa. Ela tem a impressão de uma mãe desconectada, mas não violenta.

Primeiro, se fosse projeção, teríamos uma dinâmica do tipo paranoica com ódio de várias figuras vividas como ameaça à sua sobrevivência. Aqui temos o oposto disso: é uma dinâmica melancólica, em que o ódio se dirige ao Eu.

Segundo, é bom lembrar que há formas de ódio silenciosas e invisíveis a olho nu. Certo tipo de silêncio pode transmitir muito mais ódio do que gritos, xingamentos e agressões. A criança capta perfeitamente quando a mãe a despreza, tem vergonha dela, ou a sente como um peso, um estorvo do qual gostaria de se livrar. Lembram-se da imagem dos dois apartamentos, a criança sozinha em um deles?

Terceiro, pais/mães podem odiar seus filhos pelas mais diversas razões, *todas elas rigorosamente inconscientes*. Inclusive, na minha experiência, essa dinâmica tanática está na base da melancolia, da ideação suicida e dos quadros mais graves da psicopatologia psicanalítica.

De modo que uma mãe desconectada é bem diferente de uma que, em certas situações, odeia a filha. Diante da dúvida, nada nos impede de perguntar: você acha que ela não te entende ou que tem alguma coisa contra você? Estamos tentando reconhecer se, do seu ponto de vista, é um vínculo sem empatia ou um vínculo tanático. Ambos são traumáticos, mas eu ainda prefiro uma mãe sem empatia (risos).

Percebo que tanto a analista de Melissa quanto outros participantes do ateliê têm dificuldade em imaginar um vínculo tanático entre mãe e filha. De fato, essa ideia é chocante, a menos que lembremos de que se trata da criança-na-mãe. Como todos os seres humanos, pais e mães também são dotados de um inconsciente que produz efeitos concretos em suas vidas! Pais e mães vão atuar com a geração seguinte, seus filhos, o que não puderam integrar da relação com a geração anterior, seus pais. É o que chamamos de transmissão transgeracional da vida psíquica (Faimberg, 2001).

Retomando: Melissa e sua mãe fazem tudo juntas, almoçam juntas todos os dias, nos fins de semana Melissa vai para a casa da mãe. Claro que essa descrição pode corresponder a uma relação próxima e harmoniosa. Então, como e por que Melissa foi parar no fundo do poço? Por que o clima da sessão é sufocante e mortífero?

Esse "fazem tudo juntas" pode perfeitamente corresponder a uma relação de extrema *dependência* da filha em relação à mãe. Ou mesmo de *codependência*: cada uma precisa da outra para parar em pé. Não há, contudo, material clínico que apoie essa segunda hipótese.

A analista reconhece que Melissa descreve sua mãe como uma mulher poderosa, vaidosa, que só fala da irmã bem-sucedida, da qual se orgulha. Parece ter vergonha de Melissa, a filha que dá trabalho, sempre deprimida, angustiada, sozinha em casa e tão dependente dela para tudo. Faz sentido pensar que a filha se sinta um fardo na vida da mãe.

Como já foi dito, Ferenczi (1929/1992a) foi o primeiro a mostrar que a criança mal acolhida vai apresentar uma organização psíquica na qual as lógicas da pulsão de morte têm um papel central. Pode bem ser o caso de Melissa.

Recentemente, Luiz Meyer (2024) publicou o texto "Édipo a contrapelo", no qual faz uma releitura do mito que envolve esse personagem – e do que o levou a se tornar um parricida/incestuoso. Ele lança luz sobre uma evidência: Édipo se constituiu enquanto sujeito em um vínculo tanático. De tanto ouvirmos a versão de Freud, deixamos na sombra o fato de que o pobre rapaz teve pais filicidas. Se ele atua matando o pai e se deitando com sua mãe, é porque ele desconhece a verdade que o constitui.

~

Voltando à Melissa: ela sofre e se sente um fracasso, um fardo na vida da mãe. Acontece que ninguém nasce um fardo: as pessoas *se tornam* um fardo – um peso morto – em determinado tipo de vínculo intersubjetivo. Aliás, "carregar um peso morto" pode bem ser a sensação da analista, que disse atender a essa paciente há seis anos, quando na verdade eram seis meses.

Em que tipo de vínculo alguém *perde toda sua vitalidade* até se tornar um peso morto? Reformulando: que tipo de vínculo *mata a vitalidad*e espontânea da criança? No meu entender, como já disse, isso acontece em um vínculo tanático. Reconheço duas dinâmicas nas quais se produzem microvotos de morte inconscientes em relação à criança.

Antes de adentrar tais dinâmicas, porém, cabe uma observação. Os microvotos de morte, sempre inconscientes, podem ser esporádicos, acontecendo apenas nos momentos em que a figura parental se desorganiza/surta diante de certas demandas da criança. Contudo, podem ser muito frequentes – e traumáticos – em casos de psicopatologia pesada de uma ou das duas figuras parentais.

Voltando, então, às dinâmicas tanáticas:

1. A criança pode ser odiada quando o núcleo paranoico da figura parental vê a criança como "do mal". Vivida como ameaça por sua simples existência, ela será atacada defensivamente. É o caso de Édipo, como mostra o já citado trabalho de Luiz Meyer (2024). Desenvolvi esse tema do meu texto sobre o supereu cruel (2020b).
2. Este caso mostra que a criança pode ser odiada e atacada em outro tipo de vínculo. Será mal acolhida quando, por qualquer motivo, é vista como antitroféu por uma figura

parental excessivamente narcísica. Por exemplo, uma criança que dá trabalho ou que, por qualquer outro motivo, é uma mancha no currículo da figura parental.

3. Outras?

M – COMO TRABALHAR COM ISSO?

A leitura que a criança pôde fazer do que percebeu, e registrou na extremidade mais corporal do psiquismo, é que ela *não é o esperado e não deveria existir.* Naturalmente, não tem como imaginar as fragilidades narcísicas da figura parental, que para ela é uma Entidade todo-poderosa, acima do bem e do mal, que pode salvá-la ou destruí-la.

A analista nos conta que Melissa acha que, se a mãe a odeia, é porque fez algo de errado, ou melhor, *ela é errada* ou culpada de alguma coisa. Trata-se de uma *culpa primária*, tal como propõe Dominique Bourdin (2016): é a culpa de fazer mal/causar danos/prejudicar a figura parental amada, *simplesmente por existir.* Seria algo como "a vida dela seria bem melhor se eu não tivesse nascido". Ou "preferia não ter nascido para não atrapalhar a vida dela".

Dito isso, eu começaria tentando mostrar a Melissa "eu sei onde você está". Para alguém que está no fundo do poço, é uma mão estendida e uma mínima luz no fim do túnel.

- *"Tudo o que você queria era que sua mãe tivesse prazer em estar com você".*
- *"Tudo o que você queria era não precisar tanto da sua mãe".*
- *"Você não nasceu deprimida, você ficou deprimida. O que será que aconteceu?"*

Alguém lembra que ela passou em um concurso difícil. Talvez tenha imaginado que "dar certo profissionalmente" seria uma maneira de revogar os microvotos de morte e de, finalmente, ser digna do amor do objeto. Sim, é bem possível. Eu me lembro de um paciente que, em diálogo com seus objetos internos, sentia que precisava fazer alguma coisa grandiosa para "justificar sua existência". É bizarro alguém sentir que precisa justificar sua existência, pois o que está implícito é que, caso não consiga, não tem o direito de existir. Vejam a tortura que é essa culpa primária!

Na verdade, para revogar os microvotos de morte será preciso desconstruir a Entidade e vê-la como um mero ser humano – alguém que não está acima do bem e do mal, nem tem o poder de salvar ou de matar. Reconheço que não é uma tarefa simples.

Quarto encontro

Nossa colega começa compartilhando suas dúvidas com relação ao trabalho com essa paciente. Receia não estar conseguindo "plantar uma sementinha que possa frutificar". Sua dúvida faz todo o sentido: como vimos, a identificação melancólica "não sou o esperado, não deveria existir" está cravada na extremidade mais corporal, mais primitiva do psiquismo, e por isso é tão difícil de ser desconstruída. O único caminho que conheço (enquanto psicanalista) é resgatarmos, tanto em sua história emocional, quanto na transferência, em que tipo de vínculo essa identificação foi construída.

Temos material clínico novo: a cirurgia estética pela qual a mãe iria passar foi cancelada. Melissa ficou chateada porque imaginava que seria uma oportunidade para se aproximar dela. Não foi à sessão para acompanhá-la numa consulta. Aliás, raramente a paciente vai às suas duas sessões presencialmente. Sempre intercala com alguma online. A colega sente isso como um "distanciamento". Seria sinal de que a análise está rodando em falso? A única sessão dessa semana foi online. Melissa lhe pareceu desvitalizada.

> *No domingo, tentei me encontrar com minhas amigas, mas ninguém quis fazer nada. Preferiram ficar em casa assistindo Netflix. Estava mal e resolvi ir para a casa da minha mãe. Senti que ela estava fazendo sala para mim, então fui para meu quarto.*

Vejam, essa cena é importante para tentarmos acessar algo dessa relação de objeto. O que significa que a mãe está "fazendo sala"? Falta de intimidade? Melissa vai para o quarto para liberar a mãe da tarefa chata de fazer sala para a filha?

> *Achei que minha mãe estava sondando meu estado de espírito; queria ir ao teatro com suas amigas, mas ficou com receio de ter que desmarcar tudo para ficar comigo, caso eu precisasse.*

Nessa cena, a mãe é uma mulher bacana que tem sua vida; já ela é a porcaria que atrapalha a vida da mãe. É possível que a mãe sinta mesmo ódio inconsciente da filha que demanda tanto dela.

Imaginem a cena: a mãe fazendo sala, mas secretando ódio pelos poros porque a filha vai estragar seu programa; faz todo sentido Melissa se refugiar no quarto! Lembram da nossa hipótese sobre a culpa primária? Ela sente culpa porque se vê como um peso morto que atrapalha a vida da mãe. Ela é obrigada a fazer sala para a filha em vez de ir se divertir. Definitivamente, se ela não existisse, a mãe seria feliz. A mãe é infeliz por sua culpa.

A primeira impressão da analista era de que mãe e filha se davam muito bem, faziam tudo juntas etc. Agora fica clara a enorme diferença entre uma filha que vai visitar a mãe porque ambas têm prazer na companhia uma da outra, e Melissa, que vai lá a contragosto, só para ela própria não ficar completamente sozinha.

Proponho exercícios de intervenção.

- *"Você vai para o quarto com medo das críticas da sua mãe?"*
- *"Será que ela te odiaria por ter que desmarcar o programa por sua causa?"*
- *"Que dilema! Ficar sozinha, ou ir para lá e se sentir uma porcaria?"*

Pergunto à nossa colega o que Melissa faria se disséssemos "você vai para o quarto com medo das críticas da sua mãe". Ela responde que a paciente reagiria como se ela não tivesse dito nada e continuaria falando. Muitas vezes, para ser ouvida, precisa levantar a mão e pedir licença para falar. É como se não existisse. Fico surpresa. Em geral, quando acessamos a angústia, a intervenção faz sentido e produz alívio. Se ela passa por cima, talvez tenha escutado isso como crítica – na transferência, a analista seria a mãe de quem ela tem medo. Ou talvez a simples possibilidade de "ter medo da mãe" entre em conflito com a idealização.

~

Melissa continua descrevendo seu domingo:

> *Saí do quarto para passear com meu cachorro. Foi bom. O dia estava bonito, tinha pessoas na rua, outros cachorros. Me senti real, e não como se eu estivesse num filme.*

Vimos em um encontro anterior que ela cria um avatar e se esforça muito para parecer normal, mas isso faz com que se sinta "como em um filme". As pessoas se relacionam com o avatar, e ela se sente sozinha, pois ninguém sabe "quem" ela é, e "onde" ela está. Mesmo que fosse a um bar com as amigas como as "pessoas normais" fazem, ela não conseguiria "estar realmente lá". Ter de esconder ou administrar o sentimento horrível de ser um fracasso a impediria de curtir o programa. Lembro de outra paciente que, na mesma situação, não via a hora de voltar para casa para poder relaxar do esforço extenuante de parecer "normal".

Enfim, ela faz um esforço, e, graças a esse fino verniz de normalidade, podemos de fato ter a impressão de que é uma pessoa mais preservada do ponto de vista psíquico. Porém, na segunda parte desse fragmento, ela diz que só se sente real quando está com seu cachorro. Claro! Quando está com ele, não precisa fingir/parecer nada! Pode se dar ao luxo de ser como é, sem medo de ser desprezada ou criticada. Com ele (ou com o sobrinho), se sente à vontade para ser quem ela é "de verdade". Não precisa pedir desculpas por existir. Basta levá-lo para passear para "justificar sua existência".

> *Depois disso voltei para a minha casa. Sempre que chego, ligo a TV com as notícias. Preciso ouvir o barulho da televisão.*

A colega entende que é uma tentativa de fugir da solidão. Sim, de fato; mas, além disso, a função do barulho da TV é *abafar o barulho de sua mente*, o massacre da serra elétrica do supereu cruel, que cai matando, acusando-a de ser um fracasso, de não ter jeito, e de não ser quem deveria ser. E fica a pergunta: quem deveria ser para quem, ou para quê? Talvez um troféu para uma figura parental narcísica.

Nesse momento, a analista se lembra de que, certa vez, Melissa lhe disse que vai para a casa da mãe porque tem medo de se atirar pela janela. Não é pouca coisa. Sabíamos do fundo do poço, mas não tínhamos percebido que estava à beira do abismo. Agora está claríssimo que foi empurrada para lá pelo supereu cruel.

~

Retomo o fragmento do passeio com o cachorro e proponho exercícios de intervenção.

- *"Você se sente real quando sai com o cachorro porque com ele você não tem medo de ser você mesma."*
- *"O cachorro é como seu sobrinho: você relaxa porque tem certeza de que não vão cair matando."*
- *"Você se sente como em um filme quando tem que fingir que está tudo bem, quando nós duas sabemos que não está."*

Pergunto à analista o que ela imagina que Melissa faria com uma intervenção desse tipo. Ela acha que prestaria atenção. Associa com aquela brincadeira de crianças em que alguém procura algo que está escondido, e as pessoas vão indicando "está frio! agora está quente!". Ou seja, estamos encontrando Melissa lá onde ela está escondida há tanto tempo!

M – E O QUE PODERÍAMOS DIZER SOBRE O MEDO DE SE JOGAR PELA JANELA?

É importante termos claro que ela não quer morrer. Está em busca de uma saída para seu sofrimento. Ou de uma forma de manifestar seu ódio a seu objeto. No entanto, considero que há outro elemento menos evidente, e talvez mais perigoso: ela precisa urgentemente livrar o mundo (seu objeto primário) da pessoa horrível que ela é. Por paradoxal que pareça, seria um gesto de amor – o último gesto de amor – em relação ao objeto: "vou fazer o que você, secretamente, deseja. Espero que, em troca, você possa finalmente me amar".

Dito isso, a passagem ao ato suicida tem mais chances de acontecer na falta de um acolhimento simbolizante para sua dor. Ou seja, é preciso dar palavras àquilo que ainda não as tem, e que, por isso mesmo, pode ser atuado. Por mais pesado que soe aos nossos ouvidos, precisamos nos dispor a compartilhar tudo isso com ela.

- *"Quer livrar sua mãe do estorvo que você imagina que é para ela?"*
- *"Você não quer morrer, só quer parar de sofrer."*
- *"Se você morresse, sua mãe respiraria aliviada?"*

Essa dinâmica tanática, agora internalizada, se manifesta na forma de ataques cruéis do supereu ao Eu, levando-o ao desespero. É o ódio com que essa voz interna massacra o Eu que o empurra para o abismo.

É aqui que Melissa "está". Na frente de uma janela aberta, que para ela é a única saída para seu sofrimento melancólico. Ou então à beira do abismo, onde basta um empurrão por parte do supereu cruel, ou seus representantes externos, para despencar, puxada pelo peso da identificação melancólica.

M – COMO TRABALHAR COM O SUPEREU CRUEL?

Primeiro, é fundamental que Melissa perceba a diferença entre "eu sou desprezível e mereço morrer" e o diálogo com uma voz interna que a odeia e lhe diz: "você é desprezível e merece morrer".

No primeiro caso, se ela é desprezível, então não tem saída. É um fato indiscutível. No segundo caso, há uma *voz que a odeia* e que a acha desprezível. Reconhecemos aqui uma fala de Melissa: "queria perguntar para minha mãe por que ela me odeia tanto". É isso mesmo: vamos perguntar a ela *o que será que essa voz tem contra ela*. É o começo da desconstrução da Entidade da qual partem os microvotos de morte.

Além disso, pode ser útil dramatizar o massacre da serra elétrica. Assumir o lugar do supereu cruel, encarnar sua "voz" e colocar claramente em palavras o horror que ela vive continuamente, mas sem ter ideia do que é. A ideia é trazer para o primeiro plano e tornar visível o pano de fundo de sua existência.

- *[mimetizando a voz do supereu cruel] "Por que uma pessoa desprezível como você existe? O que você ainda está fazendo aqui (por que ainda não se matou)?"*
- *[mimetizando a voz do supereu cruel] "Você ainda tem esperança de ter uma vida? Se enxerga! Não está vendo que ninguém gosta de você?"*

Tenho a impressão de que ela se reconheceria totalmente nessas intervenções, e seria um alívio. E isso é só o começo. Podemos perguntar a Melissa: "por que será que essa voz/a Entidade/sua mãe acha que você é desprezível?". Digamos que ela responda "porque não tenho amigos". Nós não largamos o osso: "e por que é tão importante para essa voz/Entidade/mãe que você tenha amigos?". E por aí vai.

O importante é tornar pensável algo até então impensável: as fragilidades invisíveis da Entidade que estão por trás dos microvotos de morte. Quando introduzimos a ideia de que ela está em diálogo com uma voz interna, abre-se o caminho para reconhecer que todas aquelas acusações e julgamentos medonhos podem ser apenas uma *interpretação* do objeto, e não um fato incontestável.

O que aprendi com este ateliê?

Aprendi a reconhecer na clínica duas dinâmicas extremamente sofridas, mas diferentes. A primeira delas é um paciente em "carne viva", isto é, com a pele psíquica arrebentada por um traumatismo cumulativo; a outra é estar no "fundo do poço", amarrado à pedra de uma identificação melancólica constituída num vínculo tanático.

A primeira situação, que chamei de "carne viva", nos remete ao vínculo cotidiano com um objeto incapaz de fazer contato com o universo emocional da criança. Por não ser capaz de reconhecer, nem de interpretar corretamente as necessidades físicas e emocionais, também não é capaz de responder adequadamente. A criança se esfola, em vão, tentando se fazer entender por um objeto com sérias limitações. Aqui, é essencial retomar ou construir uma comunicação profunda que seja vivida como "essa daí me entendeu".

A situação que chamei de "fundo do poço" é diferente. Como mencionei, o sujeito se constitui em um vínculo com características tanáticas. A identificação melancólica, bem como a constituição de um supereu cruel, é uma modalidade de identificação com o agressor. Aqui o trabalho mais difícil será a desconstrução dessa identificação. Será preciso reconhecer que o "agressor" não é propriamente um agressor, embora cause enorme sofrimento à criança. É alguém que, por motivos que dizem respeito ao seu próprio inconsciente, vê a criança como uma ameaça. O exemplo aqui são os pais de Édipo, Laio e Jocasta, que viram o filho como uma ameaça e trataram de se livrar dele.

Claro que nada impede que alguém esteja no fundo do poço em carne viva...

Referências

Gostaria de prestar um esclarecimento em relação às referências bibliográficas dos vários volumes que compõem a *Série Ateliê Clínico*.

Os ateliês são atividades cujo ponto de partida sempre é material clínico. Meu foco é a escuta e a elaboração de um pensamento clínico, o que supõe que a teoria está sempre lá como pano de fundo da dinâmica de cada encontro. Falo a partir do repertório teórico-clínico criado-achado ao longo de todos esses anos, a maior parte do qual está publicada nos meus livros, com as respectivas referências.

Não tenho a intenção de escrever textos que funcionem como referência para trabalhos acadêmicos, mas propor uma conversa despretensiosa que seja útil para a prática clínica de jovens colegas. Por essa razão, no calor dos ateliês aqui relatados, raramente cito meus autores de referência. Mas estou o tempo todo usando ideias que, como disse, foram criadas-achadas na minha relação (de incorporação canibalística?) com todos eles. Você vai notar que elas se repetem em muitos dos ateliês justamente porque são o fundamento da minha clínica.

Alvarez, A. (1992). *Companhia viva: uma introdução à psicoterapia com crianças autistas, borderline, psicóticas e com problemas de comunicação*. Martins Fontes.

Aulagnier, P. (1984). *Os destinos do prazer: alienação, amor, paixão*. Imago.

Bion, W. R. (1962). *Learning from experience*. Heinemann.

Bion, W. R. (1994). *Atenção e interpretação*. Imago.

Bourdin, D. (2016). *La culpabilité d'exister, culpabilité primaire*. Conferência apresentada no ciclo "Conférences de Sainte-Anne". Disponível em: https://www.spp.asso.fr/textes/textes-et-conferences/conferences-de-sainte-anne/la-culpabilite-dexister-culpabilite-primaire/

Faimberg, H. (2001). Escuta da telescopagem das gerações: pertinência psicanalítica do conceito. In *Transmissão da vida psíquica entre gerações* (pp. 129-145). Casa do Psicólogo.

Ferenczi, S. (1992a). A criança mal acolhida e sua pulsão de morte. In *Obras completas – Psicanálise IV* (pp. 29-38). Martins Fontes. (Trabalho original publicado em 1929)

Ferenczi, S. (1992b). Confusão de línguas entre os adultos e a criança – O idioma da ternura e da paixão. In *Obras completas – Psicanálise IV* (pp. 125-134). Martins Fontes. (Trabalho original publicado em 1932)

Ferenczi, S. (2011). O sonho do bebê sábio. In *Obras completas – Psicanálise III* (pp. 223-224). Martins Fontes. (Trabalho original publicado em 1923)

Ferro, A. (2011). *O campo analítico e suas transformações*. Artmed.

Freud, S. (2010). Recordar, repetir e elaborar. In *Obras completas, Vol. 12 – Introdução ao narcisismo, ensaios de metapsicologia e outros textos (1914-1946)*. (P. C. Souza, trad., pp. 45-56). Companhia das Letras. (Trabalho original publicado em 1914)

Freud, S. (2017). Construções em análise. In *Obras completas, Vol. 19 – Moisés e o monoteísmo, Compêndio de psicanálise e outros textos (1937-1939)* (P. C. Souza, trad.). Companhia das Letras. (Trabalho original publicado em 1937)

Jacobs, T. J. (1986). On countertransference enactments. *Journal of the American Psychoanalytic Association*, *34*(2), 289-307. https://doi.org/10.1177/000306518603400203

Klein, M. (1991). Notas sobre alguns mecanismos esquizoides. In *Inveja e gratidão e outros trabalhos (1946-1963)*. Imago. (Trabalho original publicado em 1946)

Mello, R. M., Carneiro, T. F., & Magalhães, A. S. (2019). Trauma, clivagem e progressão intelectual: um estudo sobre o bebê sábio ferencziano. *Psicologia em Estudo*, *24*. https://doi.org/10.4025/psicolestud.v24i0.45390

Meyer, L. (2024). Édipo a contrapelo. *Revista de Psicanálise da SPPA*, *31*(2). https://revista.sppa.org.br/RPdaSPPA/article/view/1202

Minerbo, M. (2010). Núcleos neuróticos e não neuróticos: constituição, repetição e manejo. *Revista Brasileira de Psicanálise*, *44*(2), 65-77.

Minerbo, M. (2015). Contribuições para uma teoria sobre a constituição do supereu cruel. *Revista Brasileira de Psicanálise*, *49*(4), 73-89. http://pepsic.bvsalud.org/scielo.php?script=sci_arttext&pid=S0486-641X2015000400006&lng=pt&tlng=pt. Acesso em 17 fev. 2025

Minerbo, M. (2020a). Sobre as depressões. In *A posteriori, um percurso* (pp. 251-274). Blucher.

Minerbo, M. (2020b). Sobre o supereu cruel. In *A posteriori, um percurso* (pp. 223-249). Blucher.

Minerbo, M. (2024). *Ateliês clínicos, Vol. 1 – Para que serve uma análise? e outros ateliês*. Blucher.

Minerbo, M. (2025, no prelo). *Ateliês clínicos, Vol. 4 – Morrer de vergonha e outros ateliês*. Blucher.

Ogden, T. H. (1989). *The primitive edge of experience*. Jason Aronson.

Roussillon, R. (1999). *Agonie, clivage et symbolisation: entre pulsion et traumatisme*. Presses Universitaires de France (PUF).

Roussillon, R. (2008). *Le transitionnel, le sexuel et la réflexivité*. Dunod.

Winnicott, D. W. (1975). *O brincar e a realidade*. Imago.

Winnicott, D. W. (1990a). A capacidade de estar só. In *O ambiente e os processos de maturação: estudos sobre a teoria do desenvolvimento emocional* (pp. 29-36). Artmed. (Trabalho original publicado em 1958)

Winnicott, D. W. (1990b). Distorção do ego em termos de self verdadeiro e falso. In *O ambiente e os processos de maturação: estudos sobre a teoria do desenvolvimento emocional* (pp. 119-129). Artmed. (Trabalho original publicado em 1960)

Winnicott, D. W. (1990c). O papel de espelho da mãe e da família no desenvolvimento infantil. In *O ambiente e os processos de maturação: estudos sobre a teoria do desenvolvimento emocional* (pp. 144-149). Artmed. (Trabalho original publicado em 1967)

Winnicott, D. W. (1994). O medo do colapso. In C. Winnicott, R. Shepherd, & M. Davis (orgs.). *Explorações psicanalíticas*. (pp. 133-142). Artes Médicas. (Trabalho original publicado em 1963)

GRÁFICA PAYM
Tel. [11] 4392-3344
paym@graficapaym.com.br